Ulrich Völkel

Das Mädchen mit den lachenden Haaren

Erzählungen

Ulrich Völkel

Das Mädchen mit den lachenden Haaren

Erzählungen

Inhaltsverzeichnis

Das Mädchen mit den lachenden Haaren

Ferdinand war siebzehn Jahre alt. Ein hübscher Bursche, Gymnasiast, aber schüchtern. Er hatte zwar schon die eine oder andere Freundin gehabt, aber nichts von Dauer. Irgendwann wurde er den Mädchen zu anstrengend, weil er nicht so war wie die anderen. Ein netter Kerl, sagten sie über ihn, ehrlich, aber irgendwie, nun ja, immer bloß Händchen halten und das Spiel der Wolken bewundern und schöne Musik hören – ein Romantiker eben. Also letztes Jahrhundert oder so. Das Schlimmste, was Mädchen über einen Siebzehnjährigen sagen können, die etwas Aufregendes in ihrem Leben brauchten. Solche Typen hebt man sich für später auf. Und Ferdinand, was ist das für ein Name?

Man kann nicht sagen, dass er durch besondere schulische Leistungen glänzte. Mittelfeld etwa. In Deutsch war er gut. Seine Aufsätze lobte Herr Flanke, aber immer mit der Einschränkung, dass das Thema eigentlich ein bisschen verfehlt war; jedoch gut geschrieben, eher eine Geschichte. Herr Flanke hat ihn deswegen einmal „unser Dichter“ genannt. Das war Ferdinand außerordentlich peinlich gewesen, zumal die Klassenkameraden herzhaft gelacht hatten. Der Lehrer hatte das aber ganz lieb gemeint.

Von zu Hause bis ins Gymnasium brauchte er knapp zwanzig Minuten. Er hätte mit der Straßenbahn fahren können, aber das wäre von seinem nicht gerade üppigen Taschengeld abgegangen. Er hätte mit dem Rad fahren können, doch auf dem Schulhof wurden häufig die Reifen zerstochen, die Ventile herausgedreht oder die Luftpumpe gestohlen. Nein, den Weg am Fluss entlang, über die Brücke und durch den belebten Boulevard bis zur Schule ging er zu Fuß. Ferdinand liebte es, Menschen zu sehen und sich Geschichten über sie auszudenken.

Wenn man über eine längere Zeit immer den gleichen Weg zur gleichen Zeit geht, hat man bald seine „Bekannten". Er machte sich gern Gedanken über andere Menschen, was sie wohl empfinden könnten, warum sie heute heiter sind und gestern griesgrämig waren. Warum sie zur Arbeit hasteten oder ohne besondere Lust ihrem Job nachgingen. Er dachte sich Geschichten über sie aus.

Da war diese junge Frau, Anfang zwanzig, schätzte er. Eigentlich keine besonders auffällige Erscheinung, die sich hypermodisch kleidete oder über die Maßen schminkte. Sie hatte schöne Haare, das fiel ihm auf. Und wenn sie den Kopf nach der einen oder anderen Seite bewegte, flogen die Locken, als würden sie – unpassender Vergleich, aber der fiel ihm dazu ein – als würden sie lachen. Sie war eine fröhliche, unkomplizierte, sympathische, junge Frau. Ferdinand schenkte ihr nicht mehr Beachtung als seinen sonstigen Wegbekanntschaften, anfangs jedenfalls nicht.

Das änderte sich, ohne dass er es zunächst selbst merkte. Die anderen Leute waren namenlos. Für sie erfand er den Namen: Das Mädchen mit den lachenden Haaren.

Er traf sie jeden Tag vor der Bäckerei, aus der es stets nach frischem Brot duftete. Was könnte sie von Beruf sein? Liebte sie eher klassische Musik oder das, was man Volksmusik nannte und was weder mit Volk noch mit Musik etwas zu tun hatte? Ging sie gern ins Theater oder lieber ins Kino? Wer waren ihre Freundinnen oder Freunde? Hatte sie einen Freund? Lebte sie allein oder noch bei ihren Eltern? Ferdinand hatte den halben Schulweg Zeit, sich eine Geschichte über sie auszudenken.

Das Mädchen mit den lachenden Haaren – aber das wusste Ferdinand noch nicht, das war Teil seiner Geschichte über sie – arbeitet in der Praxis eines Zahnarztes. Das ist vielleicht kein wirklich aufregender Beruf, aber sie hat das ganz Persönliche an dieser Arbeit für sich entdeckt, ohne sich dessen wirklich bewusst zu sein. Das Besondere für sie an diesem Beruf ist nicht, die verängstigten Patienten zu erleben und das Surren des Bohrers zu hören, nicht die Sterilität des Behandlungszimmers oder die göttliche Gegenwart eines Arztes. Sie liebte es, da zu sein, ohne wirklich bemerkt zu werden, auf kurze Anforderungen ihres Chefs zu reagieren, meist ehe sie ausgesprochen wurden. Das Mädchen mit den lachenden Haaren gibt der Zahnarztpraxis eine ungewohnte Wärme.

So fing seine Geschichte an. Irgendwann interessierte er sich, wo sie wirklich arbeitete. Sie einfach anzusprechen wäre ziemlich albern gewesen. Entschuldigen Sie bitte, arbeiten Sie zufällig in der Praxis von Doktor …? Sie hätte es vermutlich als lästige Anmache empfunden und er wollte nicht, dass die feinen Fäden, die er um sie zu spinnen begann, von eigener plumper Hand zerrissen würden.

Wenn ich jeden Morgen eine Minute früher aus dem Haus gehe, überlegte er, erfahre ich vielleicht, wo sie wohnt. Ihm fiel gar nicht auf, dass viele seiner Wegbekanntschaften ihm gar nicht mehr begegneten, über die er sich Geschichten ausgedacht hatte. Er hatte sich keine Gedanken darüber gemacht, dass ihn die Leute, waren sie Figuren seiner Geschichten geworden, weniger beschäftigten als die Geschichtenfiguren selbst es taten. Er hatte sie aus der Anonymität seiner zufälligen Begegnungen in das Ensemble seiner Fantasien gepflanzt wie ein Gärtner, der die am besten geratenen Pflänzchen aus dem Wirrwarr des Aussaatbeetes in neue Beete pikierte.

Er begriff nicht einmal, dass er mehr über sie herausfinden wollte, weil sein Interesse weniger ihrem Beruf oder ihrer Herkunft galt, sondern längst, weil ihn das Mädchen mit den lachenden Haaren selbst beschäftigte. Es wurde ihm, dachte er an sie, warm ums Herz, bevor er in der Schule eintraf.

Sie wohnt bei ihren Eltern, spann er seinen Faden weiter. Ihr Vater ist Lokomotivführer und nur unregelmäßig zu Hause. Ihre Mutter arbeitet als Verkäuferin in einer Modeboutique und sorgt dafür, dass die Tochter immer schick gekleidet geht. Ihr älterer Bruder studiert Medizin. Ihre Schwester ist seit fünf Jahren verheiratet, hat drei Kinder und lebt in einer anderen Stadt. Das Mädchen mit den lachenden Haaren hat ursprünglich auch Medizin studieren wollen, aber ihre Mutter wurde krank und musste fast ein Jahr zu Hause gepflegt werden. An der Stelle begriff er, dass er mächtig aufpassen musste, dass seine Geschichte nicht ins Triviale abglitt.

Jetzt wusste er, wo sie wohnte. Nun wollte er herausfinden, wo sie arbeitete. Also musste das umgekehrte Prinzip angewendet werden. Eine Minute später von zu Hause losgehen.

Es beschäftigte ihn mehr und mehr die Frage, ob ihr aufgefallen sein könnte, welchen Grund die zeitversetzten Begegnungen hatten.

Er fand heraus, wo sie arbeitete. Es war ein mehrstöckiges Gebäude. An der Hauswand waren zahlreiche Firmenschilder angebracht von Einrichtungen, die in den verschiedenen Etagen ihre Büroräume hatten. Er sah die anderen Schilder nicht wirklich, weil er eines sofort gelesen hatte: Dr. med. dent. Füller, Zahnarzt. Erste Etage.

Seine neue Taktik, täglich eine Minute später von zu Hause loszugehen, brachte die Gefahr mit sich, täglich eine Minute später in der Schule zu sein. Es wurde schon knapp. Er musste, wenn er sie getroffen hatte, einen Schritt zulegen, bald sich richtig beeilen, bis auch das nicht mehr ausreichte und er zu spät in den Unterricht kam. Deutsch bei Herrn Flanke. Sie behandelten Shakespeare. Als er mit Verspätung ins Klassenzimmer trat, las der Lehrer gerade eine Szene aus „Romeo und Julia" vor: „Lieb' eilt zu lieb, wie Schüler weg vom Buch." Das passte.

Er quittierte den Spott der feixenden Klassenkameraden mit einem schiefen Grinsen. Sie wussten nichts von seinem neuerlichen Erfolg. Er hatte gesehen, aus welchem Haus sie getreten war und in welches sie zur Arbeit ging. Und nun, da er über sie wusste, was er wissen wollte, wusste er auch, dass er in sie verliebt war und dass er sie ansprechen würde, gleich nach den Osterferien. Die Frist brauchte er, sich einen plausiblen Grund auszudenken, um sich ihr zu nähern.

Es durfte nichts Profanes sein wie: „Entschuldigen Sie, kennen wir uns nicht?" Am liebsten würde er sagen: „Wissen Sie, dass Ihre Haare, wenn Sie den Kopf wenden, lachen?" Aber das hätte sie missverstehen können. Es musste ein Satz sein, der ihrem Wesen entsprach und auf den sie mit einem Lachen antworten konnte. Frauen mögen Männer, die sie zum Lachen bringen, hatte er einmal gelesen. Dann würde es leicht sein, sie zu einem Kaffee einzuladen oder ins Kino. Natürlich hätte er auch Zahnschmerzen vortäuschen können, aber eine Zahnarztpraxis ist vermutlich einer der ungeeignetsten Orte für die Verabredung zu einem Rendezvous. Im Übrigen wusste er gar nicht, ob sie wirklich Zahnarzthelferin war, nur weil sie in einem Gebäude arbeitete, in dem es auch eine solche Praxis gab.

Während der Osterferien malte er sich die Szene genau aus. Er würde den Boulevard in ihre Richtung entlang gehen und den Kopf so zum Fenster der Bäckerei wenden, dass er sie scheinbar nicht sehen, aber ihr Spiegelbild genau beobachten konnte. Dann würde er, vorsichtig natürlich, mit ihr zusammenstoßen. Und zwar so, dass sie das Gefühl hätte, selbst den kleinen Unfall durch ihre Unaufmerksamkeit verursacht zu haben und deshalb mit einem leichten Schreck sagen müsste: „Oh, entschuldigen Sie bitte!" Und dann könnte er sie anlächeln und in der Art eines Mannes von Welt sagen: „Aber ich bitte Sie, das war doch sehr angenehm."

Worauf sie verblüfft, aber gleichzeitig erheitert über das liebenswerte Kompliment sagen würde: „Das machen wir morgen wieder."

Sich eine Sache in Gedanken vorzustellen und sie dann auch wirklich auszuführen, sind zweierlei Paar Schuhe. Er war fest entschlossen, seinen Plan gleich am ersten Tag nach den kurzen Ferien auszuführen.

Ferdinand ging zu der Zeit von zu Hause los, zu der er früher immer losgegangen war. Es musste vor der kleinen

Bäckerei passieren. Er sah sie kommen. Er sah, wie sie mehrfach mit ihrer linken Hand durch ihre Haare fuhr, als würde sie die lachenden Locken extra für ihn richten. Noch drei Meter. Er atmete durch. Gleich. Noch einmal fuhr sie auffällig mit ihrer linken Hand durchs Haar – und da sah er, was sie ihm bedeuten wollte: Sie trug einen goldenen Verlobungsring am Ringfinger der linken Hand. Und als sie mit ihm auf gleicher Höhe war, nickte sie ihm zu wie einem alten Bekannten und grüßte fröhlich: „Guten Morgen!" Als träfen sie sich seit Jahren an dieser Stelle, wären befreundet und sagten „Guten Morgen" und „Wie geht's? und „Danke, gut. Und selbst?" und „Bestens!" und darauf: „Na denn, bis morgen."

„Morgen" sagte er, da war sie schon drei Schritte weiter. Er hätte vor Monaten zum Zahnarzt gehen müssen. Vielleicht hätte es dann geklappt, falls sie tatsächlich Zahnarzthelferin war.

Moniques Brief

Der Brief war nicht mit der Post gekommen. Er war auch nicht frankiert. Lina wunderte sich, dass ein Kuvert im Briefkasten lag, denn die Postbotin war längst durch. Es stand auch gar keine Anschrift darauf. Nur „Fur Hans“. Fur, nicht Für. Ein Absender fehlte. Das war eigenartig. Wer schrieb einen Brief an ihren zukünftigen Schwiegersohn und deponierte ihn auf diese Weise in ihrem Briefkasten? Lina ahnte, dass an der Sache etwas nicht ganz geheuer sein konnte.

Sie nahm den Brief an sich und steckte ihn in ihre Schürzentasche. Dann stieg sie die Treppe zu ihrer Wohnung in der dritten Etage hinauf. Ihre Tochter war nicht zu Hause. Wer schickte einen solchen Brief? Lina war sehr misstrauisch. Und Hans war natürlich auch nicht zu Hause. Der war an der Front irgendwo bei Stalingrad.

Lina setzte die Lesebrille auf und betrachtete das Kuvert gründlich. Dann, als ob sie ihren Augen nicht traute, schnupperte sie daran. Sie hatte es geahnt! Weiberduft, ganz klar! Der Brief konnte nur von einer Frau sein. Da ging sie zum Küchenschrank, nahm ein kleines rotes Messer aus dem Schubfach und öffnete den Brief, ohne auch nur einen Moment ein schlechtes Gewissen zu haben, dass sie sich an fremdem Eigentum vergriff. Hans war nicht da. Es könnte etwas Wichtiges sein, was man ihm unbedingt per Feldpost mitteilen musste. Lina hatte auch nicht den Anflug von Unrechtsbewusstsein. Lina machte ohnehin immer, was sie wollte. Sie war der Chef in der kleinen Familie, die aus ihr, ihrem kränkelnden Mann, der Tochter und ein wenig aus deren Verlobten Hans bestand. Das war ein windiger Bursche nach ihrer festen Überzeugung und nicht unbedingt das, was sich Lina als Schwiegersohn vorgestellt hatte. Aber wo die Liebe hinfällt ...

Lina schlitzte den Brief auf und entnahm ihm ein Blatt Papier, das mit einer ihr fremden Handschrift beschrieben war. Nur wenige Zeilen. Und jetzt, da sie das Kuvert geöffnet hatte, reizte der fremde Geruch noch deutlicher ihre Nase. Der Brief konnte nur von einer Frau geschrieben worden sein. Aber Lina vermochte ihn nicht zu lesen. Er war in französischer Sprache abgefasst.

„Cher Jean!" Das konnte sie noch übersetzen. Sie wusste sogar, dass Jean die französische Form für Hans ist. Das hatte ihr die Krausche einmal erzählt. Die Krausche war eine alte Jungfer aus der zweiten Etage, die früher in einem Kontor gearbeitet hatte und vor langer Zeit ins Lyzeum gegangen war. Die konnte Französisch. Die hatte ihr das einmal gesagt. Die Krausche hatte auch einmal gesagt: „Da hat Ihre Tochter aber einen guten Griff getan mit dem Hans."

Nein, befreundet war sie mit der Krausche nicht. Man grüßte sich. Man unterhielt sich auch mal im Treppenhaus über das Wetter und so. Mehr war nicht. Mehr musste auch nicht sein. Und weiter als bis in deren Flur war sie auch nie gekommen, obwohl sie schon ganz gern gewusst hätte, wie die eingerichtet ist.

Es wäre auch nicht gut gewesen, mit dieser Frau zu tun zu haben. Der Blockwart hatte einmal etwas angedeutet. Da sei etwas gewesen. Nichts Genaues weiß man nicht. Aber das genügte schon. Nein, Lina hatte nichts gegen die Frau. Aber die Zeiten waren nun einmal so.

Sie saß am Küchentisch und hielt den Brief in der Hand. Was tun? Im Ofen war noch etwas Glut. Niemand hatte gesehen, dass sie den Brief aus dem Kasten genommen hat. Aber irgendwer wusste, dass er ihn hineingelegt hatte. Auf gar keinen Fall sollte ihn die Tochter sehen. Nur – wenn sie ihn verbrannte, würde sie nie erfahren, was in dem Brief gestanden hat.

Da fasste sich Lina ein Herz. Sie besaß noch eine Handvoll Kaffeebohnen. Sie füllte die Hälfte in eine Tüte ab und steckte sie in ihre Schürzentasche, wo bereits der Brief lag. Dann ging sie zur Krauschen.

Die Krauschen war sehr überrascht, als Lina vor ihr stand und flüsterte: „Ich hätte da noch ein bisschen Kaffee, Frau Nachbarin." Schnell ließ Fräulein Krausche Lina ein, lugte aber noch einmal sichernd ins Treppenhaus. Da war niemand. Dann zog sie die Tür zu und legte die Kette vor.

„Kaffee? Richtiger Kaffee? Kein Muckefuck?" Sie vergaß vor lauter Aufregung sich selbst zu fragen, warum Lina ausgerechnet zu ihr damit kam, wo sie doch sonst kaum den Mund zu einem Guten Tag aufkriegte. Die Aussicht, gleich eine Tasse wunderbaren Kaffees genießen zu können, machte sie unvorsichtig.

„Riechen Sie mal, Frau Nachbarin", sagte Lina.

Fräulein Krausche verdrehte die Augen. „Ich weiß gar nicht, wann ich das letzte Schälchen Heißen getrunken habe. Aber wenn das jemand merkt?"

„Wir müssen ihn ja nicht gleich vor dem offenen Fenster trinken, gelle?“, sagte Lina verschwörerisch, denn natürlich war es nicht gut, wenn ein Fremder den Kaffeeduft bemerkte. Das hätte unangenehme Fragen bedeutet. Woher hatte jemand in dieser Zeit echten Bohnenkaffee?

Fräulein Krausche besaß eine alte Kaffeemühle, die sie schon lange nicht mehr benutzt hatte. „Machen Sie das?“, fragte sie.

„Her damit“, sagte Lina forsch. Während Fräulein Krausche Wasser aufsetzte, drehte Lina geschwind die Kurbel der kleinen Mühle, bis alle Bohnen durchs Mahlwerk gelaufen waren. Dann zog sie das Kästchen heraus. „Da läuft einem doch glatt ein Pfützchen auf der Zunge zusammen“, sagte sie verschwörerisch.

Es reichte für zwei Tassen. Fräulein Krausche goss das siedende Wasser auf und reichte eine Tasse der Spenderin. „Kekschen dazu?“

„Eh ich mich schlagen lasse.“ Der Brief knisterte in ihrer Schürzentasche.

Es herrschte für einen Moment Schweigen zwischen den beiden Frauen. Sie genossen den Kaffee. Die Kekse waren zwar hart, aber wenn man sie titschte, ließen sie sich gut beißen.

Erst jetzt fragte Fräulein Krausche, was wohl der Grund für den unerwarteten Besuch und die großartige Spende sein könnte.

„Es ist wegen dem Brief“, begann Lina vorsichtig.

„Welchen Brief?“ Fräulein Krausche spürte ein leises Erschrecken. Sie hatte ihre Erfahrungen gemacht. Sie wollte nicht noch einmal einbestellt werden wie damals wegen der unbedachten Äußerung über den Führer.

„Aus Frankreich. Von einer Monique. An Jean. Also Hans, was mein Schwiegersohn werden will."

„Aha", sagte die Krausche.

„Wenn der Sauhund diese Monique ... Der Führer selbst sollte ihm den ... abschneiden!" Lina war sehr direkt, bewahrte aber doch die Contenance vor Fräulein Krausche, wenn sie auch dieses Wort nicht kannte.

„Das glaube ich nicht, Frau Nachbarin. Der Hans, das ist ein Guter. Der macht so etwas nicht." Aber natürlich schloss sie für sich nicht aus, dass Linas zukünftiger Schwiegersohn ein bisschen fraternisiert haben könnte in Frankreich. „Ich kann ihn ja einmal lesen, wenn Sie das wünschen. Aber ist der Brief nicht eigentlich an Hans gerichtet?"

„Was spielt das für eine Rolle? Wenn der etwas angefangen hat mit dieser Französin, da muss ich doch meine Tochter vor bewahren. Wer weiß, was er sich bei der Gelegenheit eingehandelt hat. Die sind dort doch alle ... Na ja!" Sie winkte ab.

Fräulein Krausche nahm den Brief und holte ihre Lesebrille, die immer auf dem Fensterbrett in der Küche lag. Sie putzte sie umständlich, nicht weil sie schmutzig war, sondern weil sie etwas Zeit gewinnen wollte, denn in dem Brief konnte sonst was stehen. Harmlos war es auf gar keinen Fall. Post aus Feindesland war nie harmlos. Plötzlich kam ihr ein ganz arger Gedanken. Wenn man ihr die Frau bewusst mit dem Brief geschickt hatte ... ?

„Ich habe diesen Brief nie gesehen?", vergewisserte sie sich.

„Was für einen Brief?", tat Lina unwissend.

Fräulein Krausche las. Es waren nur wenige Sätze. Und wenn sie auch lange keinen französischen Text mehr gelesen hatte, begriff sie die Tragweite des Inhaltes sehr schnell.

Lina hatte sie genau beobachtet und gesehen, dass die Krausche Mühe hatte, ihre Gesichtszüge unter Kontrolle zu halten. „Er hat ihr 'n Kind gemacht, der Sauhund! Bestimmt!"

Langsam legte Fräulein Krausche den Brief aus der Hand. Ein bisschen unsicher klang ihre Stimme zwar, aber sie gab sich alle Mühe, ihr Erschrecken zu verbergen. „Sie müssen sich keine Sorgen machen", sagte sie. Und etwas fester in der Stimme fügte sie hinzu: „Nein, ganz harmlos. Er war, also er war mit ihr im Kino. Und sie schreibt, dass sie natürlich weiß, dass er eine Verlobte in der Heimat hat. Aber es war, schreibt sie, hier steht es", sie zeigte mit dem Finger auf die Stelle, „es war ein schöner Tag."

„Das ist alles?"

„Ja", sagte Fräulein Krausche fest. „Mehr steht da nicht drin. Ich sag's doch, der Hans ist ein Guter. Der tut Ihrer Tochter so etwas nicht an. Aber vielleicht ist es wirklich das Beste, wenn Sie den Brief verbrennen. Ich meine, ehe sich Ihre Tochter beunruhigen könnte. Sie ist noch sehr jung. Sie denkt sich vielleicht etwas Falsches dabei. Ich würde ihn verbrennen."

So recht traute sie der Krausche nicht. Warum soll diese Monique einen Brief an einen deutschen Soldaten schreiben, mit dem sie einmal im Kino war? Das weiß der doch alleine. Nein, Lina glaubte der Krausche nicht. Die verhielt sich irgendwie seltsam.

Den Kaffee hätte sie sich sparen können. Aber etwas war, das sie daran hinderte, genauer nachzufragen. Wenn es so gewesen sein sollte, wie sie dachte, wollte sie es gar nicht wissen, weil sie es doch eigentlich schon geahnt hatte, als sie den Brief aus dem Kasten genommen hatte. Kino! Und hinterher?

„Wollen wir's mal glauben." Lina nahm den Brief und ging. Sie bedankte sich nicht einmal für die Übersetzung. Es wurmte sie, die Kaffeebohnen mit der Krausche geteilt zu haben.

Als sie wieder nach oben kam, war ihr Mann Paul gerade damit beschäftigt, die Tür zum Nachbarzimmer zuzumauern, das einen separaten Zugang vom Treppenhaus hatte. Es sollte vermietet werden.

„Is' was?", fragte er seine Frau, die hinter ihm stand.

Lina hatte plötzlich eine Idee. „Den Eimer. Du wolltest doch den Eimer runterbringen."

„Muss das jetzt sein?"

„Wann denn sonst? Oder soll ich mich damit abschleppen? Jedes Mal willst du gebettelt werden wegen dem blöden Eimer."

Paul wischte sich die Hände an einem Tuch ab, nahm den Mülleimer und brachte ihn nach unten.

Als er die Wohnung verlassen hatte, griff sich Lina schnell eine alte Zeitung, wickelte den Brief darin ein und steckte ihn in den Hohlraum eines Ziegels. Dann nahm sie eine Kelle mit Mörtel und verschloss das Versteck rechtzeitig, bevor Paul zurück war. Der sah zwar, dass sie die Kelle noch in der Hand hielt, dachte aber, sie wollte es auch mal versucht haben mit der Maurerei. Es war nicht sauber verputzt. Er sagte aber nichts, sondern strich die Stelle einfach glatt.

Nie hat Lina ihrer Tochter etwas von dem Brief erzählt. Gegenüber ihrem Schwiegersohn machte sie immer mal wieder eine Andeutung, was er wohl in Frankreich getrieben haben wird. Aber das war Jahre nach dem Krieg. Die Krausche hatte zwar versucht, sie ins Gespräch zu ziehen, aber Lina ging nicht darauf ein. Und sie war sogar ein bisschen erleichtert, als die Nachbarin starb. Die hatte den Brief mit Sicherheit nur zur Hälfte übersetzt. Und als Lina starb, nahm sie ihr Geheimnis von dem versteckten Brief in der Wand mit ins Grab.

Jahre vergingen. Viele Jahre. Aus dem heimgekehrten Soldaten Hans war ein Ehemann, dann ein Vater und schließlich Großvater Hans geworden. Jürgen hieß der Enkel. Er wohnte bei seinen Großeltern, weil er das letzte Schuljahr nicht mit seinen Eltern in die andere Stadt ziehen wollte. „Kein Problem", hatte Opa Hans gesagt. „Der Junge kann bei uns wohnen. Da ist ja noch dieses separate Zimmer. Und die Tür lässt sich wieder aufmachen."

Gemeinsam mit seinem Enkel brach er die Ziegel aus der einstigen Türöffnung. Sie hatten schon die obere Hälfte entfernt, als Jürgen plötzlich eine zusammengerollte Zeitung fand, die im Hohlraum eines Ziegels steckte. „He, Opa, guck mal, was ich da gefunden habe!"

Der Großvater warf einen kurzen Blick auf die alte Zeitung. „Schmeiß weg." Er wusste nichts von dem Brief.

Jürgen entrollte die schützende Hülle und fand den Brief. „He, das ist ein Brief, Opa. Aber auf französisch. Cher Jean. Bist du das?"

Nun blickte Großvater Hans von seiner Arbeit auf. „Nö", sagte er. „Wer hat das geschrieben?"

„Monique. Kennst du eine Monique, Opa?"

„Kenn' ich nicht. Ist ja auch ewig her."

Also kannte er eine Monique.

„Wollen wir jetzt Zeitungsschau machen oder heute noch fertig werden mit der Tür? Schmeiß den Wisch weg, Junge!"

Aber Jürgen hatte bereits die ersten Zeilen gelesen. Er lernte Französisch im Gymnasium. „Das werden wir dir nie vergessen. Vernichte diesen Brief, wenn du ihn gelesen hast. Monique."

„Lina. Das kann nur Lina gewesen sein, die alte Elster", sagte Hans mehr für sich als an den Enkel gerichtet.

„Mann, Opa, du hast der Résistance geholfen? Da bist du ja ein richtiger Held gewesen!"

„Papperlapapp!", beendete der Großvater das Thema. „Ich bin dein Opa und wir wollen die Tür heute noch fertig kriegen." Den Brief zerriss er und warf die Schnipsel zu den abgehobelten Spänen des Rahmens. „Passt!", sagte er und prüfte den Sitz der neuen Tür.

Ernst

Eigentlich heißt Ernst gar nicht Ernst, sondern Fritz wie sein Vater. Und der hieß in Wirklichkeit Hannes. Dessen Vater, also der Großvater des jüngeren Ernst, hieß Ernst. Kein Mensch wusste zu erklären, warum die beiden, die nicht Ernst hießen, Ernst gerufen wurden. Manche Dinge sind, wie sie sind, sonst wären sie anders.

Der Name passte zu ihm. Es war unmöglich, sich Ernst als Fritz zu denken. Fritz erinnert an Klein Fritzchen, und Ernst war ein mächtig großer Mann, fast zwei Meter groß, mit den breiten Schultern eines Rudersportlers. Ernst strahlte die Ruhe eines Vulkans aus, von dem man nicht weiß, wann er das letzte Mal ausgebrochen sein soll.

Ernst hatte zwei Töchter, aber er hatte keinen Sohn, den man hätte Ernst nennen können. Ob die Tradition fortgeführt würde, war fraglich. Ernestine? Wahrscheinlich nicht. Ernst hatte keine Enkelkinder. Wer weiß, ob das je noch etwas würde. Er hatte einen Schwiegersohn, Dieter, der auch wirklich Dieter hieß. Möglich war, dass dessen Sohn, wenn er einmal einen Sohn haben sollte, aus unerfindlichen Gründen mit dem Namen seines Vaters gerufen würde, also Dieter, vielleicht Didi oder so. Mit Ernst III. war der Faden gerissen. Einen vierten Ernst würde es nicht geben.

Der dritte Ernst hatte die 60 gerade überschritten. Man sah es ihm nicht an. „Na ja“, sagte er gelegentlich, wenn er auf seine Jahre angesprochen wurde, „59 ist auch schon alt.“ Er sah vielleicht wie 50 aus.

Ernst lebte allein. Er war zwar verheiratet, aber seine Frau Jutta, die ihn eigentlich noch immer mochte, hatte es nicht mehr ausgehalten mit einem Mann, mit dem man sich nicht streiten kann. In 25 Ehejahren war er nicht ein einziges Mal laut oder wütend geworden, schon gar nicht unbeherrscht. Ihr gegenüber sowieso nicht. War sie anderer Meinung als er, sagte er: „Du bist eben anderer Meinung. Das ist schon in Ordnung. Wenn du nicht mit in die Oper gehen willst, gehe ich auch alleine. Mit dir wäre es zwar schöner, aber was hätte ich davon, wenn du mitgehst, weil ich gehe, aber du nicht gehen willst?“ Das war für Ernsts Verhältnisse eine lange Rede.

Meistens ging sie dann, zwischen Verzweiflung über ihn und Liebe zu ihm schwankend, mit. Am Ende gefiel es ihr sogar, was sie nicht zugab, aber er spürte, dass es ihr in der Oper gefallen haben musste. Den albernen Triumph, ihr hinterher zu sagen „Na, hat dir also doch gefallen in der Oper?“, ließ er weg. Er war zufrieden, wenn sie nicht sagte, dass sie nie wieder mit ihm in eine Oper gehen würde. Und hätte sie gesagt, dass sie nie wieder mit ihm in eine Oper gehen würde, na, da wäre er in Zukunft eben allein gegangen, obwohl, wenn sie an seiner Seite wäre, ihm das mehr gefallen würde.

Ernst war der Meinung, dass ein Mensch, wenn er etwas nicht von allein einsieht, schlechterdings mit Gewalt bekehrt werden kann. Gegen Ungerechtigkeit war er nahezu wehrlos. Er begriff nicht, wie jemand eines anderen Menschen Unglück will oder es doch billigend des eigenen Vorteils wegen in Kauf nimmt. Und wenn einer anderer Meinung ist, ist er eben anderer Meinung. Wo ist das Problem?

Ernst war kein Pantoffelheld. Er tat, was er tat. Jutta dachte anders. Da kann man nichts machen. Sie lebte jetzt in ihrer eigenen Wohnung und ihr eigenes Leben. Sie war nicht unbedingt glücklich damit. Er auch nicht. Aber es gab keinen Streit deswegen. Mit Ernst konnte man sich nicht streiten. Der Vulkan ruhte vermutlich schon seit tausend Jahren.

Ernst hatte sich überreden lassen, im Präsidium Platz zu nehmen, als der Abgeordnete kam, um über die gegenwärtige schwierige wirtschaftliche Lage und die Notwendigkeit der Durchschreitung der Talsohle zu sprechen. Ernst war Vorsitzender des Rudervereins und hatte mit der Partei des Abgeordneten im eigentlichen Sinne nichts zu tun. Der Veranstalter hatte ihn gebeten, im Präsidium Platz zu nehmen. Es sei optisch sehr gut, wenn ein Vertreter der Bürger oben sitze, nicht nur wichtigtuerische Parteifuzzis.

Der Abgeordnete redete mit flinker Zunge und er verstand es, seine Ausführungen mit blumigen Wendungen und kleinen Späßen zu schmücken. Ernst wusste nur nicht genau, wovon der Mann redete.

Es komme auf jeden an, sagte der Abgeordnete. Um die Konjunktur wieder anzukurbeln, wäre es erforderlich, den Umsatz in allen Bereichen zu erhöhen. In wirtschaftlich schwierigen Zeiten dürfe man nicht auf seinem Geld sitzen wie die Glucke auf den Eiern. Wie solle die Wirtschaft florieren, wenn die Leute ihr Geld zurückhielten? Es sei doch alarmierend, dass die privaten Spareinlagen in den letzten Jahren um mehr als siebzehn Prozent gestiegen sind. Im Durchschnitt kommen auf jeden Bürger mehr als dreißigtausend. Er ließ sich nicht beirren durch den Zwischenrufer: „Wer hat mein Geld auf seinem Konto?"

Der Abgeordnete blieb bei seinem Konzept. Wenn jeder mit dem Finger auf den anderen zeige, dass der mehr tun solle, geschieht gar nichts. Ärmel hochkrempeln. Zupacken. Ans Gemeinwohl denken. Und alles diese Sprüche.

Die Mienen der Leute verfinsterten sich. Unruhe kam auf. Der Abgeordnete merkte noch immer nichts. Man müsse sich die Statistik nur einmal genauer ansehen. Da fiele sogar einem Blinden auf, dass Senioren, die doch in der Regel alle eine gute Rente kassieren, die dicksten Konten haben und ihr „Essen auf Rädern" mit goldenen Löffeln einnehmen. Der Generationenvertrag, sagte der Abgeordnete, sei keine Einbahnstraße. Es wäre an der Zeit, die heiligen Kühe, na, nicht gleich zu schlachten, aber sie ein bisschen gründlicher zu melken.

Er sagte das ganz lustig. Es war doch eine schöne Metapher. Er wunderte sich nur, dass keiner im Saal darüber lachen konnte. Er setzte noch einen obenauf: „Bevor sie ihre goldenen Löffelchen abgeben."

Da schwatzte niemand mehr im Saal. Der Abgeordnete gestikulierte verunsichert. „Muss man das ja nicht gleich wörtlich nehmen, liebe Bürgerinnen und Bürger."

Da schlug einer mit solcher Wucht auf den präsidialen Tisch, dass die Gegenstände darauf in die Höhe sprangen.

Die Faust gehörte Ernst. Und der sagte: „Geh nach Hause, Abgeordneter!“ Er wusste gar nicht, dass er so laut sein konnte, denn der Satz hallte im Saal richtig wieder. Oder war das der plötzlich aufbrandende Beifall?

„Geh nach Hause, Abgeordneter“, wiederholte Ernst, nun wieder ganz ruhig, fast freundlich, „und erzähle das deinem Großvater.“

Zwei Tage später kam Jutta vorbei. „Ich war gerade in der Nähe“, sagte sie. „Ich wollte einfach mal sehen, wie es dir geht. Geht es dir gut?“

„Na ja“, sagte er. „Ein bisschen einsam ist es schon. Ich lese eben viel.“

„Und gehst neuerdings zu Versammlungen, wie man hört.“

„Eigentlich selten“, sagte er. Dann tranken sie Kaffee, den sie in seiner Küche aufgebrüht hatte. Es war nur ein Zufall, dass sie seine Hand berührte, als sie nach der Zuckerdose langte, bestimmt nur ein Zufall.

Wolfgangs Ameisen

Zunächst glaubte Wolfgang, es sei eine leichte Erkältung. Wenn er einatmete, brannte es unangenehm unterm Brustbein. Er trank den Salbeitee, den ihm Kristina aufbrühte. „Kräuterhexe" nannte er seine Frau liebevoll, denn eh die in die Apotheke lief, um so ein radikales Mittel zu holen, das Heilung über Nacht versprach, begab sie sich lieber in den Garten hinterm Haus, wo sie ein Beet mit den verschiedensten Kräutern angelegt hatte. Frische Salbeiblätter mit siedendem Wasser überbrüht hatten noch immer geholfen bei Erkältung und Heiserkeit. Es gab übrigens noch jemanden, der Kristinas Kräuterbeet liebte: die Ameisen. Aber dagegen wusste sie auch ein probates Mittel. Sie streute Backpulver auf die Ameisenstraßen. Das schleppten die in ihre Kinderstuben und verfütterten es mit einer fatalen Wirkung.

Wolfgang trank seinen Salbeitee. Er sagte, es ginge ihm gleich besser, weil er sich ungern eine zweite Tasse von dem Gebräu einflößen lassen wollte. Aber mitten in der Nacht musste Kristina den Arzt rufen. Herzinfarkt.

Als sie ihren Mann nach Wochen aus der Klinik abholen konnte, war er sehr blass und sehr schmal geworden. Die Anzüge waren ihm deutlich zu weit. „Aber die Schuhe passen noch", scherzte er.

Wolfgang kannte einen schrulligen Professor, der erklärte, eine Krankheit habe ein bestimmtes Ziel. Es sei vernünftiger, sie verstehen zu lernen, als sie zu bekämpfen. Man müsse ihr helfen, aus der Gefangenschaft des Körpers herauszukommen und nicht versuchen, sie in ihm abzuwürgen. Die Seele braucht Luft, um atmen zu können.

Mit der Seele hatte es Wolfgang nicht so. Eher betrachtete er seinen Körper als ein Vehikel, mit dem das Leben zu transportieren sei. Nun war die Karre umgekippt. Angesichts der herumliegenden Gegenstände wie Termindruck, Dienstbesprechung, Meeting, Konferenz, Reisen, Messebesuche ... begann er zu ahnen, dass eine zärtliche Berührung von Kristina wichtiger war als aller Erfolg im Beruf.

„Die Seele, mein Lieber", sagte der Professor, „muss atmen können. Welch ein Gerümpel hast du dir aufgebürdet! Sie wäre fast erstickt."

Kristina bekam einen veränderten Mann aus der Klinik zurück. Er wirkte nicht nur ruhiger, gelassener, selbst bei schwierigen Lagen noch immer heiter.

Früher ist er, wenn es seine Zeit erlaubte, gern mit ihr in den Wald oder durch den Park spazieren gegangen. Es waren seltene Gelegenheiten einer genossenen Zweisamkeit. Aber eigentlich redete er auch bei solchen Spaziergängen viel mehr darüber, was in den folgenden Tagen anläge und wie er dieses oder jenes Problem lösen wolle. Die frische Luft, das Lied eines Vogels, ein besonderer Blick in das sich öffnende Tal war angenehmes Begleitwerk.

Mit Ausnahme der Ameisen. Kristina erklärte sich die Faszination, die Tiere auf ihn ausübten, mit der Präzision ihres Staatswesens. Das funktionierte auf eine unaufgeregte

Weise fabelhaft. Was ihm den Vergleich eingab: „Man hätte den Sozialismus vielleicht erst einmal mit den Ameisen ausprobieren sollen; die verfügen immerhin über ein geordnetes Staatswesen."

„Es wäre die sicherste Methode, Ameisen auszurotten", war ihre sarkastische Antwort. Sie hatte weniger nostalgische Fäden in die Vergangenheit. Zehn Jahre jünger als Wolfgang, war sie in dieses System hineingeboren worden, während er die vielversprechenden Anfänge bewusst gelebt hatte.

Sie genossen es nunmehr, gemeinsam Frühstück zu essen. Die Zeitung, sonst gleichsam zwischen zwei Scheiben Toast überflogen, las er hinterher. Den Sportteil noch immer ausführlich, die politischen Nachrichten nahm er meistens per Überschrift wahr. Den Wirtschaftsteil überblätterte er geflissentlich. Er war draußen.

„Kommst du mit?"

Manchmal begleitete sie ihn, manchmal schien ihr, es täte ihm gut, wenn er allein ginge. „Scher' dich zu deinen Ameisen, ich will heute noch in die Stadt."

Er hatte eine Stelle gefunden, wo er sich gern aufhielt. Da war ein großer Stein, auf dem er sitzen konnte und von dem aus sich ein weiter Blick ins Tal öffnete. Aber der eigentliche Grund, warum es ihn gerade zu diesem Ort zog, war ein mächtiger Ameisenhaufen. Immer wieder faszinierten ihn die geschäftigen kleinen Tiere. Als Kind hatte er manchmal mit einem Stöckchen in solche Burgen gestochert, bis ihm eines Tages bei seinem Forscherdrang nicht auffiel, dass er unbestrumpft und nur mit Sandalen begleitet genau auf einer der Ameisenstraßen stand. Das war ihm eine Lehre für alle Zeiten. Er suchte auch nicht mehr nach Schnecken und

Raupen, die er dann für die Ameisen platzierte. Nein, solche Grausamkeiten begehen nur Kinder ohne Bedenken.

Schon reichlich hundert Meter bevor er seinen Lieblingsplatz erreichte, beobachtete er zwei Männer mittleren Alters, die sich mit Säge, Beil und einigen Hölzern zu schaffen machten. Er trat zu ihnen. „Guten Morgen."

Sie grüßten zurück und machten eine Pause, wohl froh, einen Augenblick mit einem Wanderer schwatzen zu können.

„Eine Bank?", fragte er überflüssigerweise, denn das konnte man bereits erkennen.

„Eine Bank", bestätigte der Ältere.

Er wusste nicht genau, wie er es anfangen sollte. „Die Ameisen dort."

Die beiden blickten zu dem Hügel, der ihnen offenbar noch gar nicht aufgefallen war.

„Na, die wer'n doch nicht die Bank benutzen, um sich auszuruhen", sagte der Jüngere und lachte. „Oder soll'n wir 'n Schild machen? Nur für Menschen!"

„Wenn ihr die Bank einen Meter weiter nach rechts rücken könntet ..." Er ahnte, dass sie ihn für ein bisschen meschugge halten würden. „Jetzt steht sie auf einem Ameisenweg."

Die beiden blickten sich an und hatten wohl die gleiche Idee. „Mächtig trockene Luft hier", sagte der Ältere.

„Mächtig trocken", bestätigte der Jüngere. „So 'ne Bank setzen ist nicht einfach zwischen zwölf und Mittag getan."

„Ist es nicht", sagte der Ältere. „Da kommt man ganz schön ins Schwitzen."

„Für jeden einen Zehner?"

„Chef, so war das nicht gemeint", sagte der Ältere und steckte das Geld weg. „Und wo jetzt?"

Er zeigte ihnen eine Stelle, von der aus er sowohl ins Tal schauen als auch die Ameisen beobachten konnte, ohne sie zu stören. Dann bedankte er sich und ging. „Schönen Tag noch!"

Vom nächsten Tag an war alles perfekt. Jetzt hatte er seinen Platz. Der wurde Ziel seiner täglichen Spaziergänge. Manchmal kam Kristina mit. „Ist wie für dich gemacht", sagte sie.

„Man könnt's glauben."

Und genau an der Stelle wurde er von einem Wanderer gefunden. Es kam jede Hilfe zu spät. Dem herbeigerufenen Notarzt fiel die Heiterkeit im Gesicht des Toten auf. „Einer von denen, die zufrieden gegangen sind", sagte er.

Kristina brauchte lange, bis sie ihren eigenen Rhythmus fand. Wolfgang fehlte ihr. Oft ging sie an sein Grab, um mit ihm zu reden, um zu erzählen, was sie die Tage zuvor getan hatte und was sie in den nächsten tun wolle. „Was meinst du dazu?"

Als ob er antworten könnte. Manchmal dachte sie, sie würde verrückt, weil sie seine Stimme zu hören glaubte.

Eines Tages, als sie die Blumen auf seinem Grab richtete und die welken Blüten entfernte, beobachtete sie mehrere Ameisen. Sie verfolgte deren Weg und entdeckte die Stelle, wo sie im Erdreich gleich neben dem Stein verschwanden. Da huschte ein Lächeln über ihr Gesicht, das erste nach vielen Wochen der Trauer. „Hast du es also geschafft. Du und deine Ameisen!"

Sie kam jetzt seltener an sein Grab. Die Liebe verlor sie nie.

Der Geiger im Park

Adalbert hatte sein Leben lang als Geiger in der Staatskapelle gespielt, zwar nie in der ersten Reihe, aber er war immer dabei gewesen. So hatte er die größten und schönsten Konzertsäle der Welt gesehen. Von überall hatte er Postkarten mitgenommen. Das sparte ihm das Fotografieren. Er hatte es im Laufe seines Lebens auf mehrere tausend Postkarten gebracht.

Man hatte ihn mit Blumen und einem Präsentkorb aus dem Orchester in den „verdienten Ruhestand“ entlassen. Es war ihm schwer gefallen, nicht mehr zu den Proben gehen zu dürfen. Er musste lernen, sein Leben neu zu organisieren.

Adalbert lebte allein. Es hatte zwar früher die eine oder andere Bekannte gegeben, aber die Beziehungen waren nie von langer Dauer. Er schob das auf seine vielen Reisen und dass er abends selten zu Hause sein konnte. Aber das ist nur die halbe Wahrheit. Adalbert ist immer ein Eigenbrötler gewesen und er fühlte sich, allein mit seiner Geige, eigentlich immer am wohlsten. Seine Familie war sein Orchester. Nun hatte er keine Familie mehr.

Wenn die Zeit heran war, zu der die Orchesterproben in aller Regel begannen, nahm er sein Instrument aus dem Futteral, stimmte es, spannte den Bogen, strich die Bogenhaare mit

Kolophonium ein und legte die Noten auf das Pult. Es war häufig Liszt, den er am liebsten spielte. Dann sah er sich in seinem kleinen Zimmer um, als säße er im Probesaal. Er verneigte sich, als wäre der Dirigent vor sein Orchester getreten. Dann spielte er mit einer Intensität, als säße er tatsächlich in der Probe. Er unterbrach, wiederholte eine Passage, schüttelte unwillig den Kopf, weil die Bläser schwatzten. Es war wie immer. Fast. Es war gar nicht wie immer. Es war traurig.

Adalbert lebte mit seinem Gram. Er vernachlässigte sogar seine Kleidung. Manchmal unterließ er es, sich zu rasieren. In seine Postkartensammlung blickte er immer seltener. Er war so traurig mitunter, dass er sich nicht einmal fragte, wozu und wofür er eigentlich noch lebte. Wäre ihm seine Geige entzwei gegangen, hätte er sterben können.

Eines Tages war er in der Stadt gewesen und hatte in der Fußgängerzone einem Xylofonspieler gelauscht, der mit freundlicher Stimme seine Zuhörer bat, doch bitte während des Vortrages keine Münzen in den Teller zu werfen, weil das Klingen des Geldes die Andacht stören würde. „Scheine", sagte er verbindlich, „machen kein Geräusch."

Dieser Mann hatte sein Publikum. Der saß nicht allein zu Hause und schlug die Töne für keinen an. Es war nichts Unanständiges, die Menschen auf der Straße mit Musik zu erfreuen. Vielleicht brachte es den einen oder anderen sogar auf die Idee, dass man mal wieder in ein Konzert gehen müsste.

Jedoch, Adalbert konnte sich nicht vorstellen, auf der Straße zu stehen und für die Vorbeihastenden oder die Daherschlendernden oder die unachtsam Vorbeilaufenden Liszt zu spielen. Es musste ein anderer Ort sein, an dem zwar auch Menschen vorbeikamen, aber deren Seelen anders gestimmt sein sollte als die der Passanten auf dem Boulevard. Er wusste, wo das ist.

Eines Morgens stand er entschlossen auf. Er wusch sich gründlich, rasierte sich mit Bedacht, aß sein Frühstück, wie er es immer gegessen hatte: Eine Tasse Tee, zwei Scheiben Toast, mit Marmelade die eine und mit Käse die zweite. Dann schnitt er zwei Scheiben dunklen Brotes ab, bestrich sie mit Margarine, belegte sie mit Wurst und tat beide in seine Brotbüchse, einige Scheiben grüne Gurke dazu oder geputzte Radieschen. Dann zog er sich sorgfältig an, band die Fliege korrekt, nahm seine Geige und ging exakt um die Stunde aus dem Haus, zu der er sonst aus dem Haus zur Probe gegangen ist. Nur der Weg war ein wenig anders als vormals.

Adalbert ging mit seiner Geige in den Park. Er hatte eine sehr genaue Vorstellung, wo er sich hinsetzen wollte: nahe dem sich in einem weiten Bogen durch die Wiese schlängelnden Fluss unterhalb des Denkmals für Franz Liszt, der viele Jahre in dieser Stadt gelebt hatte. Dort war eine Bank, von der aus man über die Wiese blicken konnte, deren Gras, durchsetzt von hohen Wildblumen, vom Wind wie ein wellenwerfendes Meer bewegt wurde. Hinter der Bank stieg eine Felswand steil hoch.

Adalbert nahm seine Geige aus dem Kasten. Dieser Park war ein idealer Probesaal. Es war ein gutes Gefühl, als er sein Pausenbrot essen konnte. Um diese frühe Stunde waren nur wenige Menschen im Park unterwegs, die auch nur in einiger Entfernung an der Stelle vorübergingen, an der er saß. Der Fluss war so etwas wie der Orchestergraben. Distanz schafft Nähe auf besondere Art.

Fräulein Lehmann war eine ältere gepflegte Dame. Sie hatte als Klavierlehrerin gearbeitet und zahlreiche Schüler unterrichtet. Nun waren ihre Finger nicht mehr so beweglich, wie sie hätten sein müssen, um anspruchsvoll Klavier spielen zu können. Gewiss, für einen Laien hätte es gereicht. Dem wären die geringen Verzögerungen nicht aufgefallen, wenn vor allem der rechte Zeigefinger die Taste um einen Achtel Takt zu spät anschlug. Aber das sehr empfindsame Gehör von Fräulein Lehmann duldete solche Ungenauigkeit nicht. Immer seltener nahm sie an ihrem geliebten Instrument Platz, bis es schließlich fast den Charakter eines Möbelstücks annahm, auf dem man Deckchen platzieren und Schalen drapieren und Blumengebinde installieren konnte. Der Wahrheit die Ehre, Fräulein Lehmanns Finger wurden allmählich zu steif für ein anspruchsvolles Spielen.

Es traf sie schwer, keine Schüler mehr haben zu können. Ihre beiden Freundinnen, mit denen sie eine gepflegte Hausmusik zelebriert hatte, blieben allmählich fern, weil auch sie, Flötistin die eine, Cellistin die andere, dem Alter Opfer bringen mussten. Weil das Musizieren kein Thema mehr sein konnte zwischen ihnen, zogen sie sich in Ermanglung anderen Gesprächsstoffs allmählich zurück.

Fräulein Lehmann liebte es seit eh, in den Park zu gehen, das Rauschen der hohen Buchen zu genießen, über die Weite der Wiese zu blicken und die frische, vom Fluss her mit würzigem Duft angereicherte Luft einzuatmen. Sie hatte auch einen Lieblingsplatz, den sie nahezu täglich aufsuchte: eine Bank oberhalb der Felsenwand in der Nähe des Lisztdenkmals. Dort saß sie gern und genoss die Stille. Sie hatte stets eine kleine Thermoskanne und einen Becher in ihrer Handtasche.

Es war ein Sakrileg für sie als Teetrinkerin, das Getränk aus einer Thermoskanne einzuschenken, aber um stilgerecht Tee zu trinken, hatte sie daheim jeden Nachmittag die mit Hingabe genutzte Möglichkeit. Fräulein Lehmann trank Tee auf ihrer Parkbank gegen den Durst. Sie nahm ihren Tee zu Hause geradezu rituell zu sich.

Eines Tages, sie hatte sich auf ihrer Bank eingerichtet und ihren Teebecher gefüllt, hörte sie, gerade als sie zum Trinken ansetzen wollte, Musik. Eine Geige, leise, fast klagend, sehr sanft. Sie ließ sich von der Melodie gefangen nehmen, vermied es aber, nach dem Verursacher des ungewohnten Konzerts zu suchen. Es kam von unten, das ließ sich unschwer erkennen. Mehr wollte sie nicht wissen, vorerst. Es hätte sie verunsichert, einem Menschen beim Musizieren zuzusehen, die sie selbst zu musizieren nicht mehr imstande war. Wehmut und Glücksgefühl in einem: Franz Liszts „Liebestraum" No. 3 in A-Flat Major. In Gedanken spielte sie den Klavierpart dazu. Das Cello überließ sie ihrer einstigen Freundin.

Sie ging am nächsten Tag wieder zu ihrer Stelle mit der bangen Erwartung, der unbekannte Geigenspieler sei wieder dort wie gestern. Er war es. Und während sie die Schönheit des Parks genoss, atmete sie gleichsam die Musik mit ein.

Zwei Wochen lang hielt sie es durch, dann war die Neugier stärker als die vornehme Zurückhaltung. Es interessierte sie, wer der Geigenspieler war. Also entschloss sie sich, ihren angestammten Platz zu verlassen, um über die Natursteintreppe in die untere Etage des links des Flusses ansteigenden Parks zu gelangen, gewissermaßen vom Rang ins Parkett zu wechseln, um den Virtuosen nicht nur zu hören, sondern auch sehen zu können.

Sie nahm ihre Tasche mit der Thermosflasche und dem Becher, stieg die leicht gewundene Treppe hinab und sah, während sie nach unten ging, wo der Geigenspieler saß. Als sie das Parkett erreichte, ward sie einer Bank ansichtig, die sich weit genug von dem Geigenspieler befand, aber nahe genug, um ihn hören zu können. Da nahm sie Platz, neigte den Kopf in seine Richtung, weil sie sah, dass er ihr Kommen bemerkt hatte, und lehnte sich auf der harten Bank zurück, als säße sie in einem mit rotem Samt bezogenen Stuhl des Konzertsaales.

Adalbert freute sich, dass die Dame nicht, wie das gelegentlich geschah, zu ihm trat, um etwas Kleingeld in den Geigenkasten zu werfen, was Vorübergehende mitunter taten. Er war nicht der Almosen wegen im Park, weshalb er sich, wurde er solcher Absichten gewahr, gegen die gutmeinenden Spender mit heftigen Handbewegungen wehrte. Man hielt ihn deshalb für ein wenig schrullig.

Adalbert nahm sein Instrument wieder auf, prüfte die Saiten, spannte den Bogen nach und setzte dann zum Spielen an. Johann Straus, dachte er, ich spiele Strauß für sie; womit er sich für die Diskretion und das gleichzeitige Interesse der Damen bedanken wollte, denn sie war, dessen durfte er sicher sein, seines Spieles wegen gekommen.

Dies geschah von nun an täglich. Er kam, nahm auf seiner Bank Platz, bereitete sich auf sein Spiel vor und begann, wenn das Publikum Platz genommen hatte, seiner Geige sanfte und schluchzende, jauchzende und frohlockende, klagende und kräftige Töne zu entlocken. Es war gewissermaßen eine öffentliche Orchesterprobe.

Wenn er sein Pensum geleistet hatte, legte er das Instrument zurück in das Etui, nahm seine Brotbüchse und genoss sein Pausenbrot. Er beobachtete, wie die Damen ihrer Tasche eine Thermosflasche und einen Becher entnahm, um den mit heißem Tee zu füllen und ihn mit vorsichtigen Schlucken zu trinken.

Fräulein Lehmann gewahrte die Heiterkeit im Gesicht des Geigenspielers, weshalb sie sich von ihrer Bank erhob, sich dem Manne näherte und mit leicht belegter Stimme sagte: „Wenn Sie erlauben, können wir unsere Pause gemeinsam verbringen."

Adalbert erhob sich, verbeugte sich leicht und bot der Dame Platz auf seiner Bank an.

Man redete wenig miteinander. „Es ist schön hier" – „Ja, ich komme täglich." – „Sie sind Musiker?" – „Ich war es." – „Es ist wirklich schön hier." – „Ja, es ist wirklich schön hier."

Am nächsten Tag hatte sie einen zweiten Becher mit. „Dürfte ich Sie zu einer Tasse Tee einladen?", fragte sie mit einem gespielten Lächeln, denn es war schon etwas ungewöhnlich, mitten im Park auf einer hölzernen Bank sitzend einem fremden Mann einen Becher Tee anzubieten.

„Ginkgotee", sagte er. „Sehr gesund."

„Oh!", sagte sie. „Sie kennen Ginkgotee?" Da hatten sie ein Thema, über das sie reden konnten, denn seltsamer Weise sprachen sie nie von Musik.

„Er schmeckt natürlich aus einem Plastikbecher nicht so gut wie aus einer richtigen Tasse."

„Ach", sagte er, „gesund ist er auch so. "

Eines Tages brachte sie den Mut auf, Herrn Adalbert, wie sie ihn inzwischen nannte, während er, den feinen Unterschied, den sie betonte, zu respektieren und sie nicht Frau, sondern

Fräulein nannte, Fräulein Lehmann – Herrn Adalbert also zu sich nach Hause einzuladen auf eine Tasse Tee. Das war im Leben von Fräulein Lehmann eine Kühnheit sondergleichen, der sie sich aber gar nicht bewusst zu sein schien, denn es hatte sie ein seltsames Gefühl von Leichtigkeit ergriffen.

Natürlich brachte er Blumen mit, ein dezentes Biedermeiersträußchen. Das fand sie rührend. Er hatte noch überlegt, ob er die Geige mitbringen sollte, aber es dann doch gelassen. Es hätte zu aufdringlich wirken können.

Fräulein Lehmann im hochgeschlossenen langen Kleid führte ihn ins Musikzimmer, in dem der Flügel stand.

„Da wäre es vielleicht gar nicht verkehrt gewesen, wenn ich meine Geige ... Eine kleine Hausmusik?"

Sie errötete leicht. „Die Finger", sagte sie. „Sie sind schon ein bisschen steif."

Er merkte, dass ihr das Thema unangenehm war und dachte erleichtert, dass es gut gewesen ist, die Geige zu Hause zu lassen.

Sie hatte den Tisch mit ihrem besten Porzellan gedeckt, dazu Teegebäck, ein Stövchen mit Teelicht, um den Tee warm zu halten. Sie schenkte ein. „Tee in der Thermoskanne – das ist nur gegen den Durst. Ich freue mich, Ihnen einen Darjeeling servieren zu dürfen. Wissen Sie", bemühte sie sich, das Thema Klavierspielen ganz vergessen zu machen, „es ist gar nicht so sehr der Tee, es ist das Wasser! Man unterschätzt den störenden Einfluss des Kalks im Leitungswasser. Manche nehmen es sogar aus dem Boiler!"

Er fürchtete, jetzt einen Vortrag über das fachgerechte Zubereiten von Tee hören zu müssen, dass man das Wasser stets über den Tee und nicht den Tee ins heiße Wasser gibt, welches Gefäß geeignet und welches gänzlich ungeeignet ist, aber sie ließ es bei einem Zitat von Zhang Dafu, einem Teemeister der Qing-Dynastie. „Die Qualität einer guten Tasse Tee hängt zu zwanzig Prozent vom Tee selbst ab und zu achtzig Prozent vom verwendeten Wasser."

Adalbert hatte, als er die Wohnung von Fräulein Lehmann betrat, gewusst, dass es ein Fehler gewesen ist, die Einladung anzunehmen. Dies hier: Nudelmeiermöbel, Spitzendeckchen, Teezeremonie und ein gehaltvolles Gespräch über den edlen Einfluss guter Musik auf die Seele zweier Menschen ... Nein.

Und sie begriff, dass es ein Fehler war, einen Mann zum Tee einzuladen, weil es immer ein Fehler gewesen ist, wenn sie einen Mann zu sich eingeladen hatte.

So verlief der Nachmittag zwar bemüht reizend, aber eigentlich recht verkrampft. Als er gegangen war, lüftete sie sofort das Zimmer. Als er vor der Tür stand, atmete er tief durch. Und beide dachten: Es hat nicht sollen sein.

Adalbert ging am nächsten Tag wieder zu seinem Platz im Park, wie er alle Tage gegangen war. Sie kam nicht. Das war ihm recht. Es hätte ihm die Freude am Spiel verleidet.

Sie blieb fast eine Woche fern. Dann setzte sie sich im Park wieder auf jene Bank in der oberen Etage, zweiter Rang gleichsam, geschützt durch einen Baum wie hinter einer Säule, wo sie einst gesessen hatte. Sie hörte ihn noch oft und gern. Aber sie sah ihn nie wieder.

Der Stolpersteinputzer

Für Eva Schloss, London

Eduard Kunze ist nicht mehr der Jüngste. Die 80 hat er schon gesehen, bis zur 90 ist es nicht mehr weit. Seit er in Rente gegangen ist, passierte nicht mehr viel in seinem Leben. Seine Frau war schon vor Jahren verstorben. Kinder hatte er nicht. Hunde mochte er nicht leiden. Einen Vogel hatte er, Wellensittich Moa. Wie er auf den Namen gekommen ist, erinnerte er sich nicht mehr. Er erinnerte sich an manches nicht mehr. Nur an Leute, an Leute erinnerte er sich, dafür hatte er ein gutes Gedächtnis.

Er war Zeit seines Lebens Pförtner im Stadttheater gewesen. Er erschien jeden Tag pünktlich zum Dienst, hatte nicht eine einzigen Tag krank gemacht, nahm frühmorgens seine Brotdose aus Aluminium, gefüllt mit zwei Butterstullen und einem in Scheiben geschnittenen Apfel, dazu eine Thermoskanne mit Pfefferminztee. Er mochte Pfefferminztee nicht, aber seine Frau hatte gesagt, das sei gesund. Da hatte er sich daran gewöhnt.

Eduard war ein pflichtbewusster Mensch. In der Küche seiner Mutter hingen die Geschirrtücher und Topflappen an einem Holzbrett, die mit einem an einer Stange befestigten Leinentuch verdeckt wurden. Darauf stand ein Spruch von Marie Ebner-Eschenbach, mit blauem Garn säuberlich gestickt. „Tue deine Pflicht so lange, bis sie deine Freude wird."

In seinem ganzen Leben war er nur ein einziges Mal zu spät zum Dienst gekommen. Er sagte immer Dienst, nie „auf Arbeit". Pförtner am Theater, das war mehr als hinter einer Glasscheibe zu sitzen und sagen, ob der Intendant schon im Haus ist oder wie man zur Dramaturgie kommt oder ob es noch Karten für die Abendvorstellung gibt. Pförtner ist ein Vertrauensposten. Man erfährt alles, aber man behält es für sich. Wenn ihn die Operndiva Hellklang flüsternd fragte, ob der Herr Heldentenor schon das Haus verlassen habe, erwiderte er zwar ebenfalls flüsternd, dass der noch in der Kantine sitzen müsse, aber er sagte zu keinem, dass die Operndiva ihn nach dem Heldentenor gefragt hat. Das tat er nicht.

Nur einmal war er zu spät zum Dienst erschienen. Das ist in dem Winter gewesen, als die ganze Stadt im Schneechaos versank, sämtliche Straßen und Wege meterhoch zugeweht waren und keine Straßenbahn, geschweige denn Busse oder Autos fuhren. Eduard überlegte nur einen Moment, ob er zu Hause bleiben sollte, aber dann zog er den dicken Wintermantel an, schlang sich einen wärmenden Schal um den Hals, setzte seine russische Pelzmütze mit den Fellklappen auf, schnürte seine klobigen Winterschuhe und machte sich auf den Weg ins Theater.

Das war ein mühsamer Kampf gegen die Elemente. Eduard gewann ihn. Er war allerdings fast eine Stunde später als gewohnt in seiner Pförtnerloge angelangt und stellte zufrieden fest, dass noch niemand vor ihm das Theater durch den Hintereingang betreten hatte. Zwar wären die Spuren draußen längst wieder zugeweht gewesen, aber innerhalb des

Hauses hätten abgeklopfte Schneereste als aufgetaute Pfützen sichtbare Spuren hinterlassen.

Eduard nahm hinter seiner Pförtnerscheibe Platz, nachdem er sich der schweren Kleidungsstücke entledigt hatte. Die Schuhe stopfte er mit Zeitungspapier aus. Bis Dienstschluss würden die wieder trocken sein. Dass er nur mit dicken Socken in seiner Pförtnerloge saß, konnte eh niemand sehen.

Den Tee! Den Tee hatte er vergessen. Der hätte ihm jetzt gut getan. Also drehte er den kleinen Heizkörper an der Rückwand seines Käfterleins auf die höchste Stufe. Wohlige Wärme erfüllte den Raum. Er legte sich sein Ein-und-Ausgangs-Buch zurecht, prüfte die Spitze seines Bleistifts, nahm die Uhr vom Arm und platzierte sie rechts neben dem Buch. Und wartete, bis der erste oder die erste kommen würde. Er wartete lang. Er wartete den ganzen Tag fast bis Dienstschluss. Es kam niemand. Das verstand er nicht. Der Schnee konnte doch kein Grund sein, nicht zum Dienst zu erscheinen!

Eine halbe Stunde vor Dienstschluss kam doch noch jemand, der Intendant. „Pförtner?“, fragte der überrascht. „Was machst du denn hier?“

„Ich habe heute Dienst, Chef“, war seine selbstverständliche Erklärung. Der Intendant lachte. „Hauptsache, du kommst nicht zu spät zu deiner Beerdigung!“

Darüber konnte Eduard eigentlich nicht lachen, aber er verzog die Mundwinkel ein wenig nach oben. Das gehörte zu seiner Dienstauffassung. Der Chef hatte einen Witz gemacht.

Das war lange her. Zwar stand Eduard wie eh und je zur gleichen frühen Stunde auf, wusch und rasierte sich, zog täglich frische Wäsche an, wie er es von seiner Frau gelernt hatte, aß seine Butterstulle, manchmal mit Käse belegt, trank seinen Pfefferminztee, füllte die Brotdose und goss den Tee in die Thermoskanne. Dann setzte er sich ans Küchenfenster, als säße er in seiner Pförtnerloge, und beobachtete die Menschen, die an seinem Haus und dem Haus gegenüber vorbeigingen.

Auf dem Fensterbrett lag ein Heft, dessen Seiten mittig geteilt waren. Über der linken Spalte stand in gerader Schrift: Eingang. Auf der rechten Seite stand: Ausgang. Wer seinen Beobachtungsposten auf seiner Seite passierte, wurde mit einem Strich vermerkt, wer auf der gegenüberliegenden Seite vorbeikam, wurde ebenfalls mit einem Strich registriert. Vier gerade Striche und ein fünfter querdurch erleichterte ihm am Abend das Zählen. Bei Dienstschluss bilanzierte er. Erstaunlicherweise kamen auf seiner Seite in aller Regel mehr Menschen vorbei als auf der gegenüberliegenden. Er grübelte, woran das liegen mochte, bis er den Grund herausfand: Auf seiner Seite gab es mehr Geschäfte als drüben. Diesen Grund herausgefunden zu haben, befriedigte ihn sehr.

In die Stadt ging er selten. Es verwirrte ihn, viele Menschen auf einmal zu sehen. Da saß er doch lieber daheim am Fenster und zählte die Vorbeikommenden. Das war überschaubar. Als er noch im Dienst war, mochte er es auch nicht, wenn zwei, drei Theaterleute auf einmal an seiner Pförtnerloge standen und wissen wollten, ob der oder die schon durch sind oder ob der Chef bereits im Haus ist oder wie spät es eigentlich sei. Auf die letzte Frage antwortete er nie. Er zeigte mit dem rechten Daumen hinter sich. An der Rückwand hing eine große elektrische Uhr. Als ob er die telefonische Zeitansage sei!

Zwei Mal die Woche ging er einkaufen. Es war nicht viel, was er brauchte. Das Brot ließ er sich vom Bäcker schneiden.

100 Gramm Leberwurst, ein Stück Butter. Pfefferminztee kaufte er ein ganzes Päckchen. Das reichte für zwei Wochen.

Einmal hätte er auf dem Heimweg den Fußsteig verlassen und auf die Fahrbahn treten müssen. Mehrere Leute standen um einen Mann herum, der am Boden kniete und etwas im Fußweg versenkte, während ein Mädchen ein Lied auf einer Klarinette blies, ein melancholisches Lied. Eduard blieb stehen, um zu sehen, was der Mann tat und warum die Leute um ihn herumstanden und weshalb das Mädchen spielte. Es irritierte ihn allerdings, dass er von einer Frau irgendwie vorwurfsvoll angesehen wurde, als hätte er an der Stelle nichts zu suchen. Da ging er weiter.

Zuhause setzte er sich wieder an sein Küchenfenster, schlug das Heft auf und machte seine Striche: stadteinwärts, stadtauswärts. Dabei grübelte er allerdings, warum der Mann etwas in den Gehweg einmauerte und warum der Auflauf und das Lied waren. Er fand keine Erklärung. Das war etwas, was Eduard nicht mochte: grübeln. Er hätte ja jemanden von den Leuten fragen können, die sich um den knienden Mann versammelt hatten, von dem er nicht viel mehr als einen großen Hut sehen konnte.

Den halben Tag saß Eduard an seinem Fenster. Dabei bemerkte er, dass er offensichtlich den einen oder anderen Vorbeikommenden übersehen haben musste, denn die Fünfergruppen waren weitaus weniger als sonst. Es lag am Grübeln. Da beschloss Eduard, außer der Reihe noch einmal in die Stadt zu gehen und nachzusehen, was der Grund dieser kleinen Versammlung war. Er sah schon von Weitem, dass auf dem Gehweg etwas wie Gold glänzte, eine Platte in der Größe eines Pflastersteins war in den Gehweg eingelassen worden. Daneben lag eine weiße Rose. Eine Kerze verbreitete ihren Schein. Er trat an die Stelle heran, neigte sich nach vorn, weil seine Augen nicht mehr ganz so gut waren. Dann las er die Inschrift: „Hier wohnte Rosa Goldammer, geboren 1929, verschleppt und ermordet in Auschwitz 1944."

Eduard erschrak. Plötzlich war das Bild wieder da, das er aus seinem Gedächtnis verbannt hatte. Er ging als kleiner Junge an der Hand seiner Mutter an diesem Haus vorbei. An *diesem* Haus. Davor hatten sich Männer in braunen Uniformen, aber auch ganz normal gekleidete Leute versammelt. Zwei von den Braunen zerrten eine Frau an ihren langen schwarzen Haaren aus dem Haus. Sie schrie verzweifelt, aber das half ihr nicht. Die Männer warfen sie wie ein Stück totes Vieh auf einen Lastwagen, auf dem schon mehrere verängstigte Menschen saßen. Und die Frau schrie noch immer. Sie schrie so laut nach ihren Kindern, dass es Eduard noch heute hörte. Da fuhr eine Kälte durch seinen Körper und es war ihm plötzlich, als zerrte ihn seine Mutter auf die andere Straßenseite und hielt ihm die Hand vor die Augen.

Eduard atmete schwer. Er neigte sich noch tiefer, als verneige er sich vor der Frau. Auschwitz, flüsterte er. Er wusste, was das bedeutete. Es war, als stünde er am Grab von Rosa Goldammer, die er nicht gekannt hatte und die nun, er hätte nicht sagen können wie, zu ihm gehörte wie eine nahe Verwandte.

Leute gingen vorbei und wunderten sich, wieso der alte Mann vor der weißen Rose stand, als sei sie ihm aus der Hand gefallen. Ach so, eine Kerze. Das wird wohl einer von diesen Stolpersteinen sein. Davon gab es mehrere in der Stadt. Man muss auch mal einen Schlussstrich ziehen, sagte eine Frau.

Worunter zieht man einen Schlussstrich? Vielleicht hatte er sie auch nicht richtig verstanden.

Er richtete sich auf und machte sich gerade. Ihm fiel ein, dass er an einer anderen Stelle, gar nicht weit von dieser, drei solcher Steine gesehen hatte, ohne besonders auf sie zu achten. Er nickte, als würde er sich von Rosa Goldammer verabschieden, drehte sich um und ging suchend die Straße weiter. Wo waren die drei Steine? Ah, da. Aber sie waren kaum zu erkennen. Im Laufe der Zeit hatte sich Schmutz auf den Steinen festgesetzt. Wie viele Menschen waren achtlos vorbeigegangen? Er musste sich sehr tief bücken. Die Inschrift war kaum zu erkennen. Verstohlen blickte er sich um. Niemand achtete auf den alten Mann. Da langte er in seine Hosentasche und holte sein kariertes Schnupftuch heraus. Doch der Schmutz saß zu fest.

Hilflos blickte er um sich. Auf der gegenüberliegenden Seite der Straße war eine Drogerie. Kurz entschlossen überquerte er den Fahrdamm und trat in das Geschäft ein. Die Frau hinter dem Tresen begrüßte ihn freundlich. „Was darf's denn sein, der Herr?"

„Was zum Putzen, bitte schön."

Die Frau nickte. „Und was möchten wir putzen? Eine Silberschale oder eine Glasplatte? Vielleicht auch das geerbte Besteck von der Frau Mama?" Sie lächelte verbindlich.

„Die Steine", sagte er, als müsse er sich entschuldigen. „Die Steine da drüben." Er drehte sich um und blickte auf die andere Straßenseite.

„Ach die", sagte die Frau. „Kannten Sie die Leute?"

Er kannte sie nicht.

„Und diese Steine wollen Sie putzen, obwohl Sie die Leute gar nicht kennen?"

„Ein bisschen kannte ich sie", versuchte er zu erklären, warum er das vorhatte.

„War schlimm damals", sagte die Frau. „Da kann man nur froh sein, das nicht miterlebt zu haben. Warten Sie." Sie ging zu einem hinteren Regale und kam mit einer Flasche Putzmittel wieder, das sie in eine Tüte steckte, drei Putzlappen legte sie dazu. „Bitte!" Sie reichte die Tüte über den Tresen.

Er nahm seine Geldbörse aus der Tasche. „Kostet?"

„Kostet nichts", sagte die Frau. Und sie fügte hinzu: „Leute wie Sie müsste es mehr geben."

Eduard bedankte sich, wenn er auch den Sinn ihrer Bemerkung nicht verstanden hatte. Er ging wieder über die Straße, goss ein wenig von der Flüssigkeit auf die drei Steine, nahm einen der Lappen und entfernte den Schmutz. Noch war die Schrift auf den Messingplatten nicht richtig zu erkennen. Er wiederholte den Versuch.

Jetzt konnte er die Inschrift lesen. Es müssen drei Mitglieder der Familie Eisenstein gewesen sein. Drei, die an den Haaren aus dem Haus gezerrt und auf einen Lastwagen geworfen wurden. Ermordet in Auschwitz stand auf zwei Steinen, ermordet in Theresienstadt auf dem dritten. Mit einem weiteren Lappen polierte er die Oberflächen, bis sie glänzten. Er hätte gern drei weiße Rosen gehabt. Bringe ich morgen, sagte er mit dünner Stimme.

„Was machst du da?" Ein Mädchen stand plötzlich neben ihm, die interessiert zugesehen hatte, wie er die Platten polierte.

„Stolpersteine", sagte er.

„Ach so", sagte sie. „Ist das deine Arbeit?"

Er überlegte einen Moment. „Ja", sagte er. „Das ist jetzt meine Arbeit. Ich bin nämlich im Dienst."

„Putzt du alle Steine in der Stadt?“, wollte das Mädchen von ihm wissen.

„Alle. Weißt du, wo noch welche sind?“

„Ja. Komm mit.“ Sie legte ihre Hand in seine. Da war ihm wie damals, als er an der Hand der Mutter auf die andere Straßenseite gezogen wurde. Es war nur irgendwie anders. Das Kind führte *ihn*. „Wenn du willst, helfe ich dir bei deinem Dienst.“

„Wie heißt du?“

„Eva. Und du?“

„Ich bin Eduard.“ Da fiel ihm ein, dass er im Theater immer nur der Pförtner war. „Pförtner, ist der Chef schon im Haus?“ Hatte ihn je einer beim Vornamen genannt?

„Jetzt sind wir schon zwei“, sagte Eva. Er wusste nicht, wie sie das meinte, aber es war schön, zwei zu sein. In der Zeitung las er, dass es bisher 87 Stolpersteine in seiner Stadt gibt. Weitere Verlegungen seien geplant. Manchmal, wenn Eva Zeit hatte, kam sie mit. Manchmal brachte sie auch einen Freund mit. Da waren sie schon drei.

In der Volkskammer

Die Volkskammer ist eine Kneipe. Oskar steht hinter dem Tresen. Wenn er Bier einschenkt, kann man sich mit der Stoppuhr danebenstellen. Ein Pils: sieben Minuten. So eine Blume kriegst du in keiner Gärtnerei. Oskar ist ein Gemütsmensch, den bringt nichts aus der Ruhe. Sollte doch einmal einer etwas laut werden, tritt Oskar hinter seinem Tresen hervor und stellt sich an den Tisch. „Hast du was an den Ohren?" Es war bisher noch keiner, der geantwortet hätte, dass er was an den Ohren hat.

Oskar ist eine Institution. Die Kneipe heißt eigentlich „Zur Sonne", weshalb gelegentlich einer das Lied anstimmt von wegen Brüder und Sonne und Freiheit. Irgendwann, das muss kurz nach Oskars Übernahme der Gastwirtschaft gewesen sein, kam der Name „Volkskammer" auf. Hier trank man sein Bier, hier redete man über die Dinge des Lebens und trank sein zweites Bier. Ja, so war das. Einer hat mal gesagt, hier kannst du sagen, was du denkst. Und ein anderer hatte geantwortet: „Wie damals in der Volkskammer." Aber wer das gesagt hat, daran kann sich auch Oskar nicht mehr erinnern. Es muss ein Spaßvogel gewesen sein. Vielleicht ist er es selber gewesen.

Man kann nicht behaupten, dass die Geschäfte besonders gut gingen. Wo gingen sie schon gut? Aber man kann auch nicht sagen, dass die Geschäfte schlecht gingen. Es hätte noch schlechter gehen können. Oskar hatte sein Auskommen. Irgendwie.

Die meisten seiner Gäste konnten sich eine Stunde lang an einem Glas Bier festhalten. Wenn es draußen kalt war, kamen sie, um sich aufzuwärmen. War es warm, suchten sie etwas Erfrischung unter seinem Deckenventilator. Und wenn es regnete, hatten sie wenigstens ein Dach über dem Kopf. Sie kamen, weil sie nicht wussten, was sie sonst hätten machen sollen.

„Gehen wir 'n Bier trinken in der Volkskammer?"

„Gehen wir 'n Bier trinken in der Volkskammer."

Dort konnte man reden. Und 'n Bier dazu. So verging zwar nicht der ganze Tag, aber ein paar Stunden. Oder der Abend. Oder irgendwie die Zeit, mit der man eh nichts anfangen konnte.

Jeden Mittwoch kamen Gunther, Edgar, Hannes und Franz. Sie kamen fast gleichzeitig, nahmen am runden Stammtisch Platz und bestellten, wenn sie alle versammelt waren, jeder ein Pils. Sie blickten nicht mehr auf die Uhr, wenn Oskar das Bier einlaufen ließ. Sie trafen sich schon fast seit einem ganzen Jahr hier.

Gunther war Diplomforstwirt. Sie hatten ihm nachweisen können, dass er am nicht ganz legalen Verkauf von Wildfleisch für einen Kneiper beteiligt war. Es reichte zwar nicht, um ihn vor den Kadi zu bringen; denn er selbst hatte keinen müden Cent daran verdient, aber er hatte jemandem einen Tipp gegeben, wie der preiswert zu Wild kommen konnte, und das war's dann, Herr Diplomforstwirt.

Edgar hatte Lehramt studiert, damals. Deutsch und Staatsbürgerkunde. Gegen seine Entlassung aus dem Schuldienst hatte er mit Erfolg prozessiert. Bei der nächsten Gelegenheit bedauerte der Schulleiter, auf seine Mitarbeit verzichten zu müssen. Stellenabbau, was soll ich machen. Ich muss nach sozialen Aspekten entscheiden. Du findest bestimmt etwas. Das Du stammte noch aus der Zeit, als sie beide in der gleichen Partei gewesen sind. Der neue Direktor verzieh es ihm nicht, dass er Edgars Parteisekretär gewesen war.

„Konntest du nicht auf Religionslehrer umschulen? Alles nur 'ne Glaubensfrage“, sagte Oskar.

Hannes war Finanzer, scheinbar krisensicherer Job bei der EU, angestellt in einer Filiale der Abteilung der Europäischen Kommission zur Überprüfung widerrechtlich erhaltener staatlicher Beihilfen von Unternehmen in den neuen Bundesländern. Er nahm seine Arbeit sehr ernst und sehr genau. Das wurde ihm zum Verhängnis.

Schließlich Franz. Er hatte Kinderbücher geschrieben, durchaus mit Erfolg. Aber bei den neuen Verlagen kriegte er keinen Fuß in die Tür. Einmal hatte er eine schöne Idee gehabt. Er schickte dem Fernsehen die Konzeption für eine mehrteilige Reihe über Räuber und Räuberbanden in Deutschland; den Konstanzer Hans und den Bayerischen Hiasel, die Friederike Louise Christiane Delitz und den Johann Friedrich Schwan alias Sonnenwirthle und über den Schinderhannes. Zwei Monate wartete er. Dann kam ein freundlicher Brief. Auf die Idee, eine solche Reihe zu machen, sei bereits ihr Regisseur Machnitzke gekommen und er arbeite auch schon daran. Nie wieder verschickte Franz ein fertiges Exposé. Wo alles klaut, will ich allein nicht dichten, hatte er sarkastisch formuliert.

Nein, aufgegeben hatte keiner sofort. Wenn man die Bewerbungsschreiben übereinander stapelte, wäre der Barhocker an Oskars Tresen wie eine Fußbank erschienen. Aber irgendwann hatten sie doch aufgegeben. Und seit fast einem Jahr trafen sie sich regelmäßig bei Oskar zum Skat. Man gönnt sich ja sonst nichts. Keiner von ihnen war älter als 49. Für die Rente viel zu jung, für's Berufsleben entschieden zu alt. 18, 20, zwo, vier. Passe.

„Wir sind ein freies Land. Du kannst dich auf den Marktplatz stellen und laut rufen: Der Kanzler ist ein Arschloch. Und dir und dem Kanzler passiert nichts. Kreuz. Du spielst aus, Franz."

Franz brachte das Herz-Ass. Er hatte eine lange Herzflöte und eigentlich war das sehr gewagt. Aber das Ass ging rum. Jetzt legte er die Herz-Dame nach. Edgar musste stechen, wenn er nicht riskieren wollte, dass Gunther butterte. Damit war das Ding eigentlich gelaufen, denn er konnte sein Pik klar machen.

„Ohne zwei, spiel drei, mal Kreuz, knapp verloren. Zweiundsiebenzig Miese." Hannes notierte. Dann nahm er das Blatt auf. Er war dran mit Geben. „Ich hätte das Maul halten sollen damals", sagte er. Alle kannten die Geschichte, denn er hatte sie schon ein Dutzend Mal erzählt. Aber er erzählte sie, als wüsste keiner Bescheid. Ihre Gespräche hatten sich im Laufe des Jahres auf wenige Themen eingedampft. Bisschen Bier drauf, fertiges Gespräch.

„Ich hatte das Stahlwerk zu prüfen", erzählte Hannes. „Von den knapp zweihundertdreiundsechzig Mijonen" – er sagte immer Mijonen statt Millionen – „waren zweihundertsieben Komma drei zinslose, ungesicherte Gesellschafterdarlehen der Treuhand und drei Mijonen Direktsubventionen. Weitere acht Komma vier übers Regionalbeihilfeprogramm.

Da spielen wir doch glatt mal den Kreuzbuben aus. Jedenfalls, zum ersten Ersten des Jahres rückwirkend wurde das Stahlwerk an eine Münchener Firma für einen negativen Kaufpreis von dreihundertdreiundneunzig Mijonen, der sich vorwiegend aus dem Gesellschafterdarlehen und der Befreiung von den Bankkrediten ergab, übertragen. Hosen runter, meine Herren."

Hannes hatte das Spiel sicher gewonnen. „Ich hatte den Braten gerochen."

„Man soll's nicht glauben!", kommentierte Edgar, der es schon lange wusste. „Und dann?"

„Achtunddreißig Komma neun Mijonen rechtswidrige Subventionen, die zurückgezahlt werden mussten."

„Kannste stolz sein, Hannes. Hast Vater Staat eine Menge Geld gespart." Edgar klopfte ihm anerkennend auf die Schulter.

„Stolz!", höhnte Hannes. „Das Stahlwerk musste Konkurs anmelden. Ich darf mich in der Gegend nicht mehr blicken lassen. Die Leute sagen, wenn der Kerl das Maul gehalten hätte, hätten wir noch heute unsere Arbeit. Ist eben so, wenn man recht hat."

Ziemlich bald wurde im Rahmen eines Entbürokratisierungsprogramms ausgerechnet diese Abteilung zuerst um die Hälfte der Stellen reduziert. Hannes war draußen. So geht das, wenn der Mops den Elefanten anbellt.

„Kennt ihr den?", fragte Franz.

Alle wussten, was jetzt kommt. „Nein, erzähl' mal. Tut uns sehr interessieren tun."

„Treffen sich zwei Frauen. Sagt die eine: Mein Mann sitzt schon wieder in der Kneipe und spielt Skat. Sagt die andere:

Na, lassen Sie ihn doch. Meiner spielt auch. – Ja, sagt die erste, aber um Geld. – Sind Sie mal nicht so knauserig, die spielen doch nur um den Pfennig."

Sie lachten pflichtgemäß und warteten, dass Franz jetzt die Geschichte mit seinem Banker erzählen würde nach der Melodie: Alle Banker sind Scheinheilige.

Da betrat ein Mann die Volkskammer, den hier keiner kannte. Er grüßte volkstümlich, indem er zwei Finger an einen imaginären Mützenrand tippte. Feines Jackett, dezent gestreiftes Hemd, knallige Krawatte, Markenjeans, handgenähte italienische Schuhe und das Haar mit Gel gestylt, dazu ein Aluköfferchen. Er bestellte Kaffee.

„Schwarz?, fragte Oskar.

„Schwarz", sagte der Fremde. „Schlimm genug, dass Wasser rein muss." Er lachte.

Oskar sagte: „Wir hätten auch frische Bohnen zum Kauen, bleistiftweise."

Der Mann lachte. „Die Toiletten?"

„Letzte Tür nach Indien. Auf der anderen Seite des Ganges." Oskar verzog keine Miene.

Der Mann ging schnell und kam erleichtert wieder. Er blickte sich in der Kneipe um und nickte anerkennend. „Laufen die Geschäfte?" Dahinter lauerte eine ganz andere Frage.

„Ich bin kein Anwalt. Ich kann nicht klagen." Die Vier hatten Mühe, nicht loszulachen. Der mit dem Bescheißerköfferchen ließ nicht locker. „Auch kein Anwalt. Unternehmensberater. Kann aber auch nicht klagen. Ich bin dabei, mir einen eigenen Kundenstamm aufzubauen. Gibt es in der Gegend Unternehmen, die einen Berater gebrauchen könnten? Ich habe gute Kontakte zu Banken."

„Wer braucht schon keinen guten Rat in diesen schweren Zeiten. Zettel zum Beispiel. Der Bäckermeister um die Ecke. Ich habe gehört, der will expandieren. Macht gutes Brot. Oder Scharneck, Tischler. Den hat seine Bank gelinkt. Vielleicht kann man seine Bank linken. Dann wäre noch ..."

Die Vier am Stammtisch sahen sich verwundert an. Was war mit Oskar los? Wieso gab er dem Gegelten ein halbes Dutzend Tipps? Noch dazu von Leuten, die ihre Erfahrungen mit Unternehmensberatern längst leidvoll gemacht hatten?

Der mit dem Köfferchen hatte eifrig notiert und zwischendurch seinen Kaffee getrunken. Er bedankte sich. „Sie haben mir bestens geholfen. Was schulde ich Ihnen?"

„Zweifuffzig für den Kaffee und hundertfünfundzwanzig plus Märchensteuer für die Beratung."

Der Mann wusste nicht, ob das auch so ein Spaß sein sollte. „Weil Sie mir den Weg nach Indien gezeigt haben?"

„Weil ich Sie beraten habe, welche hier ansässigen Mittelständler Sie beraten können. Hatte ich Ihnen nicht gesagt, dass ich im Zweitberuf Unternehmensberater bin? Dort drüben sitzen übrigens meine vier Mitarbeiter. Kleiner Skat nach Feierabend."

Der Mann zahlte mit saurem Gesicht und ging.

Oskar ließ fünf Bier einlaufen, brachte sie an den Tisch und sagte: „Karten weg!"

Verdutzt schauten sie ihren Wirt an. Der machte nicht viel Federlesens, sondern schaufelte die auf dem Tisch liegenden Skatkarten zusammen und sagte: „Schluss mit lustig. An diesem Tisch sitzt eine geballte Ladung Intelligenz versammelt. Aber was macht ihr? Ihr erzählt euch seit einem Jahr die gleichen blöden Geschichten und Witze und jammert, dass ihr keinen Job kriegt. Merke: Das Geld kommt nie zu dir, du musst zum Gelde gehen. Wir gründen eine Firma. Prost!" Er hob sein Glas, die anderen hoben ihre Gläser. Sie tranken jeder einen mächtigen Schluck, dann starrten sie ihren Wirt und Chef in spe an.

„Wat' für ne Firma?", fragte Hannes.

„Unternehmensberatung Enterprise and Consulting GmbH People's Chamber", erklärte Oskar, als hätte er das fertige Firmenkonzept schon in der Tasche.

So fing das alles an, was nach einem Jahr als Erfolgsstory in der örtlichen Presse gefeiert wurde. Der Bäcker und der Tischler feierten mit, sie waren ihre ersten Kunden. Man kann auch helfen, ohne zu bescheißen. Ist 'n gutes Konzept.

Wo ist Blücher?

Wir werden dir die Suppe gründlich versalzen. Und zwar bei Leipzig", sagte Alexander, während er an seinem Stroganoff kaute. Napoleon schluckte heftig. Er hatte den Russen noch nie leiden können. Immer alles kaputt hauen! „Das könnt Ihr nicht machen", sagte er zu seinem Schwiegervater.

Der legte ihm die Hand auf den Arm. „Näppel, keine Suppe wird so heiß gegessen, wie sie gekocht wird."

„Es war von versalzen die Rede", korrigierte Fritz.

„Schnauze!", zischte ihn Napoleon an. „Du redest nur, wenn du gefragt wirst, sonst verpetze ich dich bei Liesel."

Alexander kaute genüsslich. „Die denken immer noch, das hätte etwas mit den Stroganoffs zu tun. Es kommt von strogat – schneiden. Du hättest Russisch lernen sollen. Aber du kannst ja nicht einmal richtig Französisch."

„Na und?", fragte Napoleon pikiert. „Dein Stalin hat ein schauderhaftes Russisch gesprochen."

„Er war nie mein Stalin. Wir werden dir trotzdem den Arsch versohlen. Jetzt ist Schluss mit lustig."

„Und mit Bruder Lustik schon lange!" Fritz war beleidigt wegen der Anspielung auf Luise. Die beiden hatten etwas miteinander gehabt, da war er ganz sicher.

Napoleon hielt es für absurd, dem Preußen zu antworten. „Und wie wollt ihr das machen?" Die alte Kampfeslust meldete sich zurück. Wenn ich die drei Affen gegen mich habe, muss ich nur dafür sorgen, dass der eine dem anderen den Erfolg nicht gönnt. Und mit Papa Franz kann ich immer noch reden. Oder Maria macht das. Der wird doch seiner Tochter den Thron nicht vermasseln, den er seinem Haus zugeheiratet hat. Felix Austria!

„Wir fegen dich einfach von der Landkarte!", erklärte Fritz, der sich von diesem Emporkömmling nicht sagen lassen wollte, dass er das Maul zu halten habe. Aber so sind sie, die Kleinen! Vielleicht, dachte er, hätte Bonaparte gar nicht Kaiser aller Franzosen werden wollen, wenn er wenigstens zehn Zentimeter größer geworden wäre.

„Pass auf, Franz!" Alexander stellte die Kartoffelschüssel in die Tischmitte. „Leipzig." Dann legte er sein Besteck in Richtung Schüssel. „Mein Barclay de Tolly kommt von Liebertwolkwitz über Holzhausen bis Probsthaida."

„Holzhausen kenne ich", sagte Fritz. „Da waren wir während des Studiums zum Kartoffeleinsatz. Oft mit den Studenten vom Lehrerbildungsinstitut. Meistens Mädchen."

„Da habt ihr wohl keine Furche ausgelassen", höhnte Franz hintersinnig, der sich an ähnliche Einsätze in Mecklenburg erinnerte.

„Wieso Furche?", fragte Fritz. „Das Feld hatten die mit ihren großen Maschinen längst platt gemacht."

Alexander winkte traurig ab. Fritz war ja ein netter Kerl, aber er begriff immer alles eine Kadenz zu spät. Während der eine versuchte, dem anderen den Witz zu erklären, verständigten sich Franz und Napoleon.

„Ich rede mit General Schwarzenberg."

„Wie das?"

„Mein Problem, Junge. Ich rede mit ihm."

„Und Metternich?"

„Mit dem rede ich nicht!" Franz tat es schon wieder leid, dem Korsen ein Zugeständnis gemacht zu haben. Metternich war sein wunder Punkt. Der sammelte zu viele Leute um sich.

Fritz hatte sich inzwischen die Sache mit der Furche erklären lassen und lachte. Es klang ein wenig verkrampft.

„Ich komme über Möckern und Eutrizsch von Nordosten mit Yorck und Sacken. Dann ist noch Bernadotte neben mir und Gyulai im Süden." Fritz sah triumphierend auf den alten Widersacher. „Und ratsch!" – er ballte seine beiden Hände zu Fäusten, als hielte er zwei Strickenden fest, die er mit einem heftigen Ruck zuzog. „Da steckst du fest im Sack, Franzmann. Und nun?"

„Der Plan ist zu gut. Gneisenau?"

„La recherche de la paternité est interdite." Wie käme er dazu, dem Usurpator den eigentlichen Vater dieses Plans zu offenbaren?

Napoleon war beleidigt. Dieser eingebildete Preuße wagte es, ihm französisch zu kommen! „Ich kann nichts dafür, dass wir auf der Oberschule nur Russisch hatten und fakultativ Englisch. Ponjal?"

Franz griff vermittelnd ein. „Jungs, es war ausgemacht, nicht persönlich zu werden. Was ist mit Bernadotte?"

„Der hat drei Tage frei", erklärte Alexander. „Den setzen wir mit seiner Nordarmee unterhalb Taucha ein. Wir verfügen über insgesamt 300.000 Soldaten und 1.335 Geschütze.

Du hast lediglich zwei Drittel an Soldaten und nur die Hälfte Kanonen, Napoleon. Das Ding ist doch schon gegessen, bevor der Tanz beginnt."

Es war die Westflanke, die sie sträflich unterschätzt hatten. Dabei handelte es sich zwar um ein sumpfiges, schwer passierbares Gebiet, aber er besaß die Zusage von Franz, dass er Schwarzenberg nicht unbedingt zur Eile treiben würde. Und was die Preußen betraf – Blücher würde gar nicht auf dem Schlachtfeld erscheinen oder zu spät kommen, da wollte er mit Schwarzenbergs Armee längst fertig sein.

„Also, noch einmal", nahm Alexander die Sache wieder in die Hand. „Das ist Leipzig. 16. Oktober anno 1813. Es ist kalt und ungemütlich. Erst gegen neun Uhr klärt es sich etwas auf. Wir rücken mit den Preußen gegen das Zentrum vor. Wachau fällt an die Franzosen."

„Ha!" Napoleon triumphierte. „Veni, vidi, vici!" Er wirkte gleich einige Zentimeter größer.

„Näppel, das war Cäsar nach der Schlacht bei Zela in der Türkei", korrigierte Franz seinen Schwiegersohn.

„Ich bin Cäsar!"

„Wachau hast du wieder. Na schön. Mein Kleist ist inzwischen Richtung Markkleeberg unterwegs." Jetzt brachte Fritz sein Besteck in Stellung.

Napoleon lehnte sich zufrieden zurück. „Es ist elf Uhr. Ihr habt nichts in der Hand!"

„Markkleeberg", beharrte Fritz.

„Wart's ab!", herrschte ihn Napoleon an. Er steckte seine rechte Hand zwischen den zweiten und dritten Knopf in den Kittel. Jetzt saß er nicht mehr mit den drei anderen am

Mittagstisch und spielte die Leipziger Schlacht nach, jetzt war er der Kaiser aller Franzosen. Er stand auf dem Hügel nahe der Schäferei Meusdorf. Da befand sich ein Tisch, auf dem man eine Karte mit Nägeln befestigt hatte, damit sie der Wind nicht wegwehte. Er hörte den Kanonendonner. Fast zwanghaft griff er nach seiner Tabakdose, dann nach einem Taschentuch, dann wieder zu seinem Fernglas. Neben dem Tisch stand ein Stuhl. Napoleon setzte sich nicht. Ein Wachtfeuer glimmte noch, aber es spendete keine Wärme mehr. „Ihr nicht!“, behauptete er starrköpfig. „Nicht hier und nicht heute!“

Die drei Ärzte am Tisch spürten, was sie schon des Öfteren bemerkt hatte. Napoleon ereiferte sich. Das sah man an seinen Augen und wie er die Zähne knirschend aufeinander rieb.

Franz legte ihm wieder beruhigend die Hand auf den Arm. „Bleib easy, Junge. Leipzig ist noch nicht das Ende. Bis nach Waterloo ist ein weiter Weg.“

„Waterloo“, sagte Napoleon wegwerfend. „Was bekomme ich dafür?“

„Elba nicht noch einmal“, sagte Fritz. Es war eher eine Bitte an die beiden anderen.

„Sankt Helena. Was meint ihr, Jungs?“, schlug Alexander vor.

„Wo liegt das?“ Napoleon hatte keine gute Erinnerung an seinen ersten Verbannungsort.

„Ist eine hübsche Insel. Und immer schön warm. Dort kannst du Kaiser bleiben und alles mitnehmen, was du für ein angenehmes Leben brauchst. Schau mal, immer nur Krieg führen …“

Er wusste, dass ihm sein Schwiegervater nichts Böses wollte. Der hätte ihn sonst bei Leipzig nicht durch die Sümpfe und das

Buschwerk an Elster und Pleiße entkommen lassen. Bis Waterloo wollte er noch durchhalten.

Die Oberschwester trat an den Tisch. „Entschuldigen Sie , meine Herren Doktoren, aber sie haben Blücher und bringen ihn wieder zurück."

„Wo war er?", erkundigte sich Alexander.

„Unterwegs zur Katzbach."

„Der Mann ist wirklich verrückt!", erklärte Franz von der Neuro II. „Abhauen, ja. Aber in den Osten?"

Für Napoleon war das kein guter Tag. Blücher machte nur Probleme. Er nahm seine Pillen nicht, er verweigerte die Behandlung. Er war immer dort, wo man ihn nicht vermutete, und nie da, wo man ihn zu finden glaubte.

„Kein Wunder", sagte Napoleon trotzig, „dass die Bataille bei Waterloo in die Hose gehen musste. Aber bis dahin", jetzt heiterte sich seine Miene wieder auf, „bis dahin, meine Herren, mache ich euch noch Feuer unter dem Arsch."

Die Mittagspause war beendet. Die Ärzte gingen auf ihre Stationen. Blücher war wieder da.

Experiment Marianne S.

Chefredakteur Joe Telzett eröffnete die Redaktionskonferenz mit der Ankündigung: „Herrschaften, eine Idee!“ Das heißt, er sagte nicht nur „Herrschaften“, er sagte auch mit Blick zu Linde Herbst, Leserinnen- und Leserbriefe: „und Damenschaften.“ Nein, boshaft musste man solche Bemerkung nicht nennen. Es war Frotzelei, freilich auf Kosten der Kollegin. Und die quittierte es mit einem sauren Lächeln. Sie war es gewohnt, so von ihrem Chef auf den Arm genommen zu werden. Dennoch blieb sie und vielleicht gerade deswegen unbeirrt bei ihrer Forderung, immer auch von Leserinnen zu sprechen, nicht nur von Lesern. Bürgerinnen. Ministerinnen. Buchhändlerinnen. Sie war keine Emanze. Jedenfalls nicht sehr.

„Herrschaften, eine Idee! Ich habe gestern Abend meiner Tochter das Märchen vom Aschenputtel vorgelesen. Und da hat sie gefragt, wann das arme Mädchen eigentlich gelebt hat. In ihrer Gruppe im Kindergarten, hat sie erzählt, gibt es eine Gerdi. Und zu der hat die Kindergärtnerin gesagt: Du armes Aschenputtel. Und nun frage ich euch: Gibt es sie auch in unserer modernen Gesellschaft? Rhetorische Frage. Es gibt sie.“ Da sagte Linde Herbst, Leserinnen- und Leserbriefe: „Ruckediguh.“

Joe Telzett begriff, dass er die Sache zu dramatisch begonnen hatte und kam auf seine Idee zurück. „Wir sollten einer dieser vielen Frauen, die gern arbeiten würden, wenn es denn Arbeit für sie gäbe, und denen niemand ein glitzerndes Kleid vom Baum wirft oder goldene Schuhe – jedenfalls, wir sollten uns umsehen und wenigstens einer stellvertretend für viele mal einen richtig schönen Tag bereiten."

„Zum Beispiel einen Tagesausflug inklusive Familie in die Hauptstadt, gesponsert von der Bahn", schlug der Wirtschaftsredakteur vor.

„Oder Theaterkarten für die Komische Oper", überlegte die Feuilletonredakteurin.

„Wie wäre es mit einem Mittagessen beim Ministerpräsidenten? Da könnte sie ihm gleich mal erzählen, wie das ist, arbeitslos zu sein", riet Wissenschaft sarkastisch.

Joe Telzett freute sich. Sie dachten mit. Das war gut. Aber sie dachten zu kurz.

Da riet Linde Herbst: „Besorgen Sie ihr einen Arbeitsplatz. Das wäre doch mal was."

Er ging auf diese Bemerkung nicht ein. „Ich denke an das Blumenmädchen Eliza." Schnell hob er beschwichtigend die Hände. „Nein, keine Schnulze. Wir machen der Frau einen schönen Tag, an den sie sich erinnern kann, wenn ihr mal nicht so richtig um die Mütze ist. Das geht früh los mit Limousine vorm Haus. Friseur. Kosmetik. Wohlfühlmassage. Einkaufsbummel durch die besten Boutiquen der Stadt. Ein ausgiebiges Essen beim ersten Italiener, meinetwegen mit dem MP, wenn er es bezahlt. Ehrengast einer Vernissage. Am Abend ins Theater, Musical oder so. Jedenfalls ein Tag an dem sie einmal völlig entspannt genießen kann, einmal sorgenfrei sein, einmal nicht die Cents im Portemonnaie nachzählen müssen, ob es noch für eine Tafel Kinderschokolade reicht. Sie hat es verdient."

„Ruckediguh", sagte Linde Herbst erneut. „Womit hat sie das verdient?"

„Was?", fragte Joe Telzett verunsichert.

„Verarscht zu werden."

Der Sportredakteur beeilte sich, den aufsteigenden Unwillen des Chefs zu stoppen, indem er tat, als wäre der Vorwurf gar nicht formuliert worden. „Haben Sie da schon eine konkrete Person im Auge, Chef?"

„Falsche Frage", sagte Joe Telzett. „Wir sollten uns erst über die Voraussetzungen verständigen, die unsere Kandidatin erfüllen müsste; erst dann suchen wir uns eine aus. Das machen die Politiker beim Wahlkampf doch immer falsch. Sie haben einen Kandidaten, weil der dran ist, weil er am längsten dabei ist, weil er die besten Connections hat. Und dann grinst er uns von allen Litfaßsäulen und Laternenpfählen an, statt ein Programm zu haben und sich umzusehen, wer das am besten präsentieren kann. Na, ist im Moment nicht mein Thema. Unsere Eliza, ich nenne sie mal so, muss eine sein, die diese schwachsinnige Verdächtigung, Arbeitslose seien im Grunde genommen Sozialschmarotzer, als das entlarvt, was es wirklich ist: Die Unfähigkeit von Politik und Wirtschaft, den Menschen Arbeit und Lohn zu geben, als Unfähigkeit von Politik und Wirtschaft anzuprangern. Diese Frau will arbeiten. Aber diese Frau bekommt keinen Job, wie oft und wo immer sie sich bewirbt. Zu jung. Zu alt. Überqualifiziert. Unterqualifiziert. Hat Kinder. Könnte Kinder kriegen. Hat sie sich schon aufgegeben? Sie gibt nicht auf. Aber manchmal, manchmal sitzt sie eben vor der Schüssel voller Asche und Erbsen und träumt, eine Prinzessin zu sein. Diesen Traum erfüllen wir ihr. Unser Fotograf immer an ihrer Seite. Wir zeigen, wie gut sie aussieht. Wir erzählen, wie tapfer sie ist. Wir beweisen, dass sie als Prinzessin durchgehen könnte. Und vielleicht – wer sagt denn, dass das nicht passiert? – bekommt sie ein Dutzend Angebote und kann sich hernach den besten Job aussuchen. Na, das wäre doch die Krönung!"

Joe Telzett konnte Leute motivieren. Dass das bei Linde Herbst nicht funktionierte, kümmerte ihn wenig. Die anderen stimmten ihm zu, spannen die Idee weiter, entwickelten ein Konzept. Schließlich konnte der Chefredakteur sagen: „So machen wir es. An die Arbeit!"

Das „Unternehmen Eliza" beschäftigte die Redakteure. Im Laufe der Woche stapelten sich die Vorschläge, welche arbeitslose Frau – natürlich musste sie auf das Blatt abonniert haben, also das unbedingt: unsere Leserin – die beste Kandidatin sein könnte. Nach einer Woche wurde ausgewertet. Sie entschieden sich schließlich für Marianne S., 32, verheiratet, zwei Kinder, seit vier Jahren ohne Job, gelernte Verkäuferin. Sie hatte im Laufe der Jahre fast einhundert Bewerbungen geschrieben und wäre auch bereit gewesen, eine untere Lohngruppe zu akzeptieren.

„Die ist es!", entschied Joe Telzett mit Nachdruck, als er das Foto dazu gesehen hatte. „Ich meine, sie sieht auch noch richtig proper aus."

Linde Herbst verkniff sich jeden Kommentar. Sie war sogar einverstanden mit der Wahl.

Der Countdown lief. Termine bei einem Starfriseur, in einem Massagestudio und beim besten Visagisten der Stadt wurden gemacht. Die erste Boutique am Ort spielte mit, das Theater stellte eine Loge zur Verfügung. Sogar der Ministerpräsident gab sein Einverständnis zu einem Mittagessen mit der arbeitslosen Frau. Der Wahlkampf war nicht mehr fern.

Marianne S. für das „Unternehmen Eliza" zu gewinnen, übernahm der Chefredakteur persönlich. Schließlich war es seine Idee gewesen. Er fuhr zu ihr. Den Fotografen nahm er gleich mit. Erste Bilder aus der Wohnung, mit den Kindern, mit der ganzen Familie. Homestory. So lebt die arbeitsuchende Marianne S., unsere Leserin, bescheiden zwar in ihren Verhältnissen, aber eine intakte Familie. Die Kinder fröhlich. Der Mann Briefzusteller, auch kein Traumjob für einen gelernten Mechatroniker, aber wenigstens Arbeit. Stellvertretend für viele verschaffen wir ihr einen Feiertag außer der Reihe. Sie hat es verdient. Viele andere hätten es auch verdient. Vielleicht klingeln wir morgen bei Ihnen?

Alles war in Sack und Tüten. Morgen läuft das „Unternehmen Eliza". Wie immer vor großen Ereignissen war die Sorge unvermeidlich, etwas könnte im letzten Moment schiefgehen und an irgendetwas könnte nicht gedacht worden sein. Alles noch einmal durchgehen. Varianten prüfen, Plan B checken, falls Plan A nicht funktioniert. Man hat schon Pferde vor der Apotheke kotzen sehen. Nichts durfte dem Zufall überlassen werden. Alles wird gut.

Die Limousine stand acht Uhr vor dem Haus, in dem Marianne S. wohnte. Joe Telzett klingelte, um sie abzuholen. Niemand machte auf. Er klingelte ein zweites Mal. Ohne Erfolg.

Er prüfte, ob sie vor dem richtigen Haus hielten und bei der richtigen Person geklingelt hatten. Alles stimmte. Da traten ihm die Schweißtropfen auf die Stirn. Die absurdesten Gedanken durchrasten sein Gehirn. Sie hatte einen Unfall und liegt in der Klinik. Sie ist eine gesuchte Betrügerin und hat Angst, durch die Zeitung erkannt zu werden. Die schlimmste Vorstellung: Sie sitzt in der Chefredaktion des Konkurrenzblattes und alles lacht über Joe Telzett.

Fast hätte er sein Handy überhört. „Was ist los?“, rief er unwillig. „Ich stehe hier vor dem Haus und keiner ist da.“ „Deswegen rufe ich an, Chef“, sagte seine Sekretärin. „Haben Sie den Brief nicht gelesen auf Ihrem Schreibtisch, der gestern Abend für Sie abgegeben wurde?“

„Was für ein Brief? Was steht denn drin? Aufmachen! Vorlesen!“, krächzte er mit belegter Stimme.

„Werter Herr Chefredakteur Telzett, vor einer Stunde bekam ich einen Anruf, dass ich mit sofortiger Wirkung Arbeit als Verkäuferin in einem Schuhsalon bekommen kann. Da wäre es nicht in Ordnung, wenn ich die ganze Sache mitmachen würde, obwohl ich jetzt eine Arbeit habe. Sie werden sich denken können, wie sehr ich mich darüber freue. Ganz bestimmt finden Sie schnell eine andere Frau, der sie die Freude machen können, die Sie sich für mich ausgedacht haben. Und jetzt kann ich es Ihnen auch sagen, dass ich die ganze Zeit trotzdem so ein komisches Gefühl im Bauch gehabt habe. Vielleicht wäre es gar nicht richtig gewesen, wenn ich das alles mitgemacht hätte. Es gibt so viele, die den gleichen Anspruch auf einen unbeschwerten Tag haben. Aber ich bedanke mich, dass Sie mir die Freude machen wollten. Hochachtungsvoll. Ihre Marianne S.“

Joe Telzett steckte das Handy wieder in die Tasche. Er schickte den Fahrer mit der Limousine weg. Auch den Fotografen. Er ging zu Fuß in die Redaktion. Er musste nachdenken.

Otto ist wieder raus

Otto ist wieder raus", sagte Elle. Schorsch nickte, als ob er wüsste, von wem die Rede ist. „Was für 'n Otto?"

Elle verdrehte die Augen. Otto. Inges Mann. Oder weißt du auch nicht mehr, wer Inge ist?"

Ja, irgendwie. Aber Elle ist schon am Erzählen. „Das arme Hascherl. Die seh ich jetzt noch, wie die damals kamen. Ausgebombt. Die hatten nicht mehr als das, was sie gerade auf dem Leib trugen. Ihre Mutter, ihre beiden Brüder und die Oma – nichts hatten sie. Die Oma ist ja dann auch bald gestorben. Sag mal, wolltest du nicht den Müll runterbringen?"

Er denkt nach, ob er das gewollt hat.

„Waren vielleicht Zeiten damals. Inge hat mich mitgenommen, wenn sie Brennnesseln sammeln musste. Spinatersatz. Ich kenn' das auch noch. Meine Großmutter hat mir mal davon erzählt. Die sammeln so was in der Zeitung."

„Brennnesseln?"

„Alte Rezepte. Kann man sogar was gewinnen. Ich glaub', ich habe das Buch von Oma noch. Die hat die meisten Rezepte im Kopf gehabt. Warte mal ..." Sie durchsuchte die Schublade im Küchenschrank, in der sie ihre Rezeptsammlungen aufbewahrt. „Hier, wusste ich's doch. Man kann sie aber nicht das ganze Jahr über verwenden. Nur junge Brennnesseln. Inge musste einen ganzen Korb vollmachen. Da war neulich einer auf dem Markt. Der hatte Spankörbe in allen Größen, sogar bemalte."

„Für Brennnesseln?"

„Was redest du da. Wer sammelt denn heute noch Brennnesseln? Einfach so, zum Hinstellen. Vielleicht zum Bepflanzen auf dem Balkon oder dergleichen. Ich hab' neulich gesehen, da verkaufen sie Milchkannen im Geschenkeladen."

„Milchkannen im Geschenkeladen? Na, was soll denn das?", wunderte sich Schorsch.

„Ohne Milch! Bemalt. Zum Hinstellen wie die Spankörbe. Frieda hat gesagt, man müsste sie aus ihrem Laden raustragen. Freiwillig geht sie nicht. Sie hat ihr Leben lang in dem kleinen Laden gestanden und Käse und Milch und Eier vom Land verkauft. In der Kaufhalle, sagt sie, das ist doch keine Milch nicht, was die den Leuten andrehen. Und die Eier erst! Als ob sie von toten Hühnern wären. Ach, die Frieda! Du kennst sie ja. Seit ihr Mann nicht mehr lebt, ist sie richtig wunderlich geworden. Der soll mal was mit der Guste gehabt haben. Wusstest du das?"

Er kennt keine Guste.

„Die hatte so einen Stich ins Höhere, bloß weil ihr Papa Beamter war. Wenn wir draußen gespielt haben und nach ihr riefen, hat ihre Mutter immer gesagt: Auguste macht Hausaufgaben. Sie kann jetzt nicht mit euch spielen. – Hätte sie mal lieber mit uns im Dreck gespielt, da wäre sie vielleicht nicht krank geworden. Ich hab' das irgendwo gelesen, man soll die Kinder ruhig mal dreckig nach Hause kommen lassen. Das wäscht sich alles wieder ab. Wer als Kind nicht krank war, wird es als Erwachsener. Masern oder Ziegenpeter. Das soll richtig gefährlich sein, wenn es Erwachsene kriegen. Ich weiß gar nicht, ob Guste noch lebt. Die sind damals weggezogen. Na, jetzt hat er's ja überstanden."

„Wer hat was überstanden?", fragt Schorsch.

„Sag mal", entrüstet sich Elle, „wovon red' ich die ganze Zeit? Ich erzähle dir, dass Otto im Krankenhaus war und nun wieder zu Hause ist und du, hörst du mir überhaupt zu, wenn ich mit dir rede?"

„Den Eimer", sagt Schorsch. „Ich wollte doch den Eimer runterbringen."

„Eh du so weit bist, Herr Wollte!", sagt Elle. „Den hab' ich schon vor einer Stunde runtergebracht. Und da habe ich Anna getroffen, die hat mir das erzählt von Otto. Sie will an die Zeitung schreiben."

„Wegen Otto?"

„Harregott, du machst mich noch mal meschugge mit die Fragerei. Wegen die Brennnessel-Rezepte!"

Charlys Bild

Renate Ossmann war die Witwe des Kunstmalers Harry Ossmann, dem während des Studiums an der Kunsthochschule von seinem Professor erklärt worden war, dass es einen Picasso bereits gäbe und dass er gefälligst so malen solle, damit er von unseren Menschen auch verstanden würde. Landschaften – wurde ihm empfohlen. Um Menschen darzustellen, fehle es ihm am notwendigen Talent. Wenn ein Baum etwas schief ist, ist er eben etwas schief, aber Hände wie Pranken und Arme wie vollgeschissene Strümpfe – mal Bäume und Berge und Bäche. Das tat er denn auch.

Er konnte davon leben, nicht üppig, aber ausreichend. Und als seine Eltern starben, konnte er seine Renate endlich heiraten und in das kleine Haus am Stadtrand ziehen, wo er sich ein Atelier einrichtete, sein Heiligtum.

Nun war er tot, seit drei Jahren. Manchmal ging Renate in sein Atelier, dass sie in dem Zustand beließ, in dem er es unerwartet verlassen hatte. Fertige und halbfertige Bilder, Rahmen und bereits aufgespannte Leinwände, Acrylfarben in allerlei Töpfen und Tuben, Palette, Pinsel und Spachtel – was eben in einem Atelier zu finden ist. Nur der Maler fehlte. Ihr fehlte der Mann. Es war einsam in dem Häuschen. Wenigstens im Garten fühlte sie sich zu Hause.

Blumen waren ihr Leben. Harry hatte ihr ein Dutzend Blumenbilder geschenkt. Da hatte sie auch im Winter ihren Garten um sich. Manchmal ging sie ins Atelier, nur um sich auf den Stuhl zu setzen, auf dem er gesessen hatte. Sie atmete die nach Farbe und Leinwand riechende Luft ein, schloss die Augen und sagte: Dahlien könntest du mir malen.

Manchmal kribbelte es ihr in den Fingern. Sie wäre gern Malerin geworden, aber das ist kein Beruf für ein Mädchen. „Künstlerin, was soll das sein? Lern was Vernünftiges." Sie wurde Krankenschwester. Manchmal träumte sie von Bildern, die sie gern gemalt hätte. Sie malte nicht. Sie hätte andere Bilder gemalt als Harry.

Einmal die Woche fuhr sie mit ihrem Auto ins Kaufland und lud ein, was sie brauchte. Am liebsten kaufte sie Konserven. Der Kellerraum war voll davon. Sie hätte den nächsten Krieg überstehen können. Über jede neue Dose, die sie ins Regal stellte, ärgerte sie sich, und brachte beim nächsten Einkauf wieder Linseneintopf, Kartoffelsuppe oder Hühnerfrikassee mit. Vorratswirtschaft hatte ihr ihre Mutter beigebracht. „Du musst immer etwas zu Essen im Haus haben. Stell dir vor, du wirst krank und musst im Bett bleiben." Mutter hatte die Hungerjahre nach dem Krieg durchstehen müssen.

Renate packte die leeren Pfandflaschen ins Auto und stellte den Korb dazu. Die Garagentür stand offen. Sie startete den Motor. Irgendwie stotterte der und sprang erst nach dem dritten Versuch an. Ich muss Josif anrufen. Josif war der Besitzer der kleinen Autowerkstatt außerhalb der Stadt, den sie schon seit Kindertagen kannte. Der machte ihr immer einen guten Preis und der beschiss auch nur ganz wenig. Josif war ein Freund der Familie geworden. Harry mochte ihn auch.

Als sie vom Einkaufen zurückkam, muckerte der Motor noch immer. „Kann ich mal kommen?"

„Kannst du. Morgen gleich früh?"

„Ja, morgen früh nach acht."

„Hab ich eingetragen. Was ist es?"

„Wahrscheinlich der Vergaser."

Er lachte. „Dann ist es bestimmt die Benzinpumpe."

Sie fuhr am nächsten Morgen zu Josif, der Josif hieß, weil ihn seine Eltern zu Ehren von diesem Džugašvili so genannt hatten, den heute kaum noch einer kennen wollte.

„Ist tatsächlich der Vergaser. Kannst ihn morgen wieder abholen. Rauchen wir noch eine?"

Renate rauchte nicht, setzte sich aber gern zu ihm vor die Werkstatt auf die Bank. „Deine Katze hat Junge gekriegt?"

„Ich muss die mal sterilisieren lassen. Zweimal im Jahr kommt die mit Nachwuchs."

„Ich mag Katzen."

„Nimm dir eine mit."

„Katzen machen mir die Sessel kaputt und haaren. Harry hat eine Allergie." Als ob er zu Hause in seinem Atelier säße. Aber sie amüsierte sich über die spielenden kleinen Katzenbälle. Plötzlich löste sich ein Katzenkind von der Mutter und kam schräg über den Hof auf Renate zu. „Bleib du mal lieber bei deiner Mama!"

Josif packte das Tier im Nacken und drehte es um. „Kater. Is'n Kater. Willst du ihn haben?"

„Lieber nicht. Mein Bus kommt gleich. Morgen?"

„Morgen."

Sie verabschiedeten sich. Der kleine Kater blickte ihr hinterher. Sie drehte sich nicht um.

Am nächsten Morgen fuhr sie wieder zu Josifs Werkstatt. Das Auto war fertig. Als sie einsteigen wollte, stand der kleine Kater vor ihrem Auto. „Das geht nicht, Charly", sagte sie. Sie wusste nicht, wie sie auf den Namen gekommen war. Aber da war es schon zu spät. Sie hatte ihm einen Namen gegeben.

„Nimm ihn mit. Kannst ihn wiederbringen, wenn er dir die Bude vollpinkelt. Auch kleine Kater markieren ihr Revier."

Sie nahm das Tier auf den Arm. Charly schmiegte sich an sie und schnurrte ganz leise. Hilflos blickte sie zu Josif. „Du hast ihn aufgehetzt."

„Er wollte von Anfang an zu dir."

Da nahm sie ihn mit. Seither hat Renate eine Katze, genauer: einen Kater. Und der wich ihr nicht von der Seite. Ging sie in die Küche, ging er in die Küche, ging sie in den Garten, ging er in den Garten. Ging sie in die obere Etage, ging er in die obere Etage. Nur ins Atelier durfte Charly nicht wegen der Farben, denn mit allem, was neu war, musste er erst einmal spielen. Wie sollte das aussehen, wenn er eine halb offene Tube erwischte?

Einmal war er ihr doch durch die Beine geschlüpft, als sie ins Atelier ging, um ein wenig zu lüften. Allerdings hatte sie es nicht bemerkt. Es fiel ihr erst auf, als sie in der Küche den Wasserhahn aufdrehte und Charly nicht zur Stelle war, um auf den Rand des Abwaschbeckens zu springen, um mit seiner kleinen Zunge das tropfende Nass zu schlecken.

„Charly?"

Er kam nicht.

„Charly!"

Sie ging ins Wohnzimmer. Dort war er nicht. Sie ging nach oben. Dort war er auch nicht. Nach draußen konnte er nicht gelaufen sein. Im Atelier? Sie ging ins Atelier. Da sah sie das Malheur!

Der Kater hatte sich im Atelier gründlich umgetan. Was nicht fest stand, hatte er umgestoßen, was oben lag, flog nach unten. Auch eine Tube mit oranger Farbe. Und die war auf ein bereits gerahmtes, aber nur mit ersten Konturen von Kohle skizziertes Bild gefallen. Die Farbe war ausgelaufen und Charly ist in sie hineingetreten. Um die Farbe an seinen Pfoten wieder loszuwerden, hatte er versucht, sie auf der groben Leinwand abzuwischen und damit ein verwirrendes Muster angerichtet. Wenn man nur flüchtig hinsah, konnte man glauben, es handle sich um eines dieser modernen Gemälde. Ein bisschen wie ein Garten voller orangefarbener Dahlien.

„Bist du des Teufels!" Fast eine Stunde benötigte sie, um seine Pfoten wieder von der klebrigen Farbe zu befreien. Sie ließ ihn nach draußen, damit er sich den Rest selbst im Garten entfernen konnte. Dann stellte sie das Katzenbild an die Wand neben die anderen, die Harry gemalt hatte. Sie lachte. „Misthupfer!" Böse sein konnte sie ihm aber nicht. „Ein Maler in der Familie reicht!"

Renate hatte Charlys Untat längst vergessen, als sich ein Mann telefonisch meldete. Er sei Galerist und habe gehört, dass sie noch Bilder ihres Mannes besäße. Vielleicht ließe sich da ein Geschäft machen.

„Vielleicht", sagte sie.

Herr Kammacher kam, wies sich als Galerist aus und machte einen durchaus seriösen Eindruck. Einen windigen Händler hätte Renate gleich an der Tür abgewimmelt.

„Ich habe was vorbereitet", sagte sie und führte den Mann ins Atelier. An der Fensterfront hatte sie sieben Bilder ihres Mannes aufgestellt, Landschaften zumeist, auch Blumen. „Sagen Sie, was Sie haben wollen und machen Sie einen fairen Preis."

Bild für Bild nahm der Galerist auf, betrachtete es eingehend und stellte es wieder zurück. „Wissen Sie", sagte er, „ich habe einige Kunden, die suchen was fürs Schlafzimmer oder die gute Stube, wenn Sie verstehen, was ich meine. Nicht unbedingt röhrende Hirsche oder schwebende Engel, aber Landschaften, wie sie Ihr Mann gemalt hat."

„Gefällt Ihnen etwas?"

„Um ehrlich zu sein, ich bevorzuge eher etwas Modernes, aber davon leben nur die reichen Galeristen mit ihrer reichen Kundschaft. Nein, nein, ist schon in Ordnung, was Ihr Mann gemalt hat. Über Geschmack lässt sich nicht streiten."

Das gab ihr einen kleinen Stich ins Herz. Harrys Bilder haben ihr stets gefallen.

„Ich nehme sie alle." Er machte einen fairen Preis.

Sie handelte noch ein wenig und schlug dann zufrieden ein. Die Bilder standen eh schon drei Jahre im Atelier und würden davon nicht besser werden. Harry wäre froh gewesen, ein so gutes Geschäft gemacht zu haben.

Herr Kammacher hatte Verpackungsmaterial mitgebracht und schlug die Tücher um die Bilder. Er wollte sie schon zu seinem Auto bringen, das er vor dem Zaun abgestellt hatte, als er plötzlich sagte: „Was ist denn das?" Er hatte Charlys „Kunstwerk" entdeckt.

„Ach das", antwortete sie. Sie wollte schon sagen, wie das Bild entstanden ist, aber irgendwie war es ihr peinlich, dass der Galerist Charlys Werk entdeckt hatte. „Das habe ich zufällig gefunden. Harry muss da etwas ausprobiert haben. Kann eigentlich auf den Müll."

„Eintausend", sagte der Galerist. „Ich gebe Ihnen eintausend Euro für das Bild. Das ist es mir auf jeden Fall wert."

Renate überlegte, ob der Mann sie auf den Arm nehmen wollte. Aber den Eindruck machte er eigentlich nicht. „Eintausend?"

„Gut. Eintausendzweihundert." Er langte nach seiner Brieftasche, die gut gefüllt war, wie sie sah.

Eher hilflos als überzeugt sagte sie: „Meinetwegen. Wenn es Ihnen das wert ist?"

„Kein Mensch weiß, dass Harry Ossmann so modern gemalt hat. Das gibt eine Sensation auf dem Kunstmarkt!"

Sie hätte jetzt sagen müssen, dass Charly die Tube umgeworfen und mit seinen vier Pfoten in der Farbe herumgetrampelt ist. Wollte sie den Galeristen nicht enttäuschen oder wäre es ihr peinlich gewesen, dass sie ihm Charlys Getrampel auf Leinwand für Kunst verkaufen wollte? Wohl beides. Sie schwieg. Und er schien begeistert zu sein.

Als sie wieder allein war, betrachtete sie das Geld, das ihr Herr Kammacher hingelegt hatte. Für so viel Geld hätte Harry fünf Bilder malen müssen, mindestens. Sie hatte vergessen, die Tür zum Atelier zu schließen. Charly kam hereingeschnurrt und rieb seinen Kopf an ihrem Bein.

„Davon kann ich dir dein Leben lang das beste Futter kaufen", sagte sie. Charly machte miau, weil er sie verstanden hatte.

Issisch

Wahrscheinlich wusste kaum einer in der Siedlung, wie Issisch wirklich heißt. Nanni und Günther wussten es. Aber sonst? Den Namen hatte er weg, weil er immer sagte. „Is' sich prima." Oder: „Is' sich ganz anders." Oder: „Is' sich finster." Die Redeweise hatte er aus der kalten Heimat mitgebracht.

Issisch war ein komischer Kauz. Nicht bösartig, eher ein bisschen – na, du weißt schon. War es der Alkohol, der ihm das Hirn vernebelt hatte, oder ist er mit dem Schaden schon angekommen damals? Lange her. Als er vor Jahren in die Siedlung gekommen ist, hatten eh alle mit sich zu tun und mit dem Vergessen von allem, was bis dahin gewesen war und gegolten hatte.

Eigentlich war Issisch gutmütig. Und wenn er einen getrunken hatte, zog er sich auf sein Gehöft zurück, um seinen Rausch auszuschlafen. Gehöft ist natürlich übertrieben. Er besaß ein kleines Grundstück mit einer Hütte darauf, die er sich selbst gezimmert hatte. Sie bestand aus nichts als aus einer Stube. Das Dach hatte sich schon gefährlich gesenkt. Wenn der große Schrank nicht gewesen wäre im Zimmer, der die Decke stützte, hätte die Bretterbude wie das berühmte Kartenhaus zusammenbrechen müssen. Aber die Hütte war nicht der eigentliche Grund, weshalb man über Issisch sagte, dass er nicht alle Latten am Zaun hat. Es roch sehr streng. Ehrlich: Es stank hundert Meter gegen den Wind.

Das Grundstück glich einer Schrottsammlung. Issisch sammelte alles, was Eisen hieß. Kein Mensch wusste warum. Alle waren froh, dass Issischs Grundstück das letzte in der Siedlung war und der Wind meistens von West weht.

Das vorletzte Grundstück gehörte Nanni und Günther. Die Leute sagten: „Wie ihr das aushaltet neben dem! Die Ratten gehen bei dem Penner bestimmt ein und aus."

Günther winkte ab. „Halb so schlimm. Ich hab' drei Katzen und einen Hund.

Nanni sagte oft: „Lasst ihn in Frieden. Der tut keiner Fliege etwas zuleide. Ist einfach ein armer Teufel."

Manchmal gab sie ihm einen Teller Suppe, den er auf ihrer Terrasse auslöffeln durfte. Ins Haus holte sie ihn aber auch bei eisiger Kälte nicht.

Von Günther bekam er manchmal eine halbe Flasche Pfeffi. Issisch trank gern Pfefferminzlikör. Aus Dankbarkeit half er Günther, wann immer der einen kräftigen Gehilfen brauchte. Issisch war stark wie ein Bär. Der konnte zwei Zentner heben, ohne dass ihm die Stirnadern schwollen.

Issisch brauchte nur gesagt zu werden, dass das Holz hinterm Haus umgeschichtet werden musste, da war er schon zur Stelle und schaffte für zwei.

Günther mochte ihn. Und was den sehr eigenen Geruch anbelangte, nun, er wolle Issisch schließlich nicht heiraten. Die aufgetürmten Schrotthaufen störten ihn nicht. Die Grundstücke trennten dicht gesetzte, etwa zwei Meter hohe Fichten, die Günther als eine sich nach oben verjüngende Hecke schnitt,, damit sie auch dicht blieben und nicht im unteren Teil austrocknet.

Ein bisschen von dem Abstand, den die Leute zu Issisch hielten, bekamen Nanni und Günther auch zu spüren. Nach dreißig Jahren hießen sie noch immer „die Zugezogenen". Alle in der Siedlung waren irgendwie miteinander verwandt oder verschwägert, nur die beiden gehörten nicht wirklich zum Ort. Sie waren aus dem lärmenden Stadtleben geflüchtet und hatten das Grundstück neben Issisch erworben, das brachgelegen hatte, weil keiner sonst neben dem Verrückten wohnen wollte.

Eines Tages war Issisch tot. Er lag neben seiner Hütte und war einfach tot geblieben, wie man in der Gegend sagt. Nanni und Günther gingen zu seiner Beerdigung. Außer dem Pfarrer waren sie die einzigen Trauergäste. Der Pfarrer sagte am Grab: „Der Herr behüte die Einfältigen."

Wenige Wochen später bekamen Nanni und Günther ein amtliches Schreiben. Sie hatten geerbt. Issischs Grundstück mit allem, was darauf war.

Da grinste manch einer in der Siedlung. Der Bürgermeister sagte: „Weil das doch jetzt alles dir gehört, also, es ist ein Schandfleck für die Gemeinde. Hast vier Wochen Zeit."

Günther nickte. Er kannte einen Schrotthändler, der alles abfahren ließ. Die Hütte trug er warm ab. Da wollte ihm der Bürgermeister Brandstiftung andichten, aber Günther sagte: „Wie das? Es hat vier Wochen lang nicht geregnet und auf dem Grundstück liegen Schnapsflaschen die Masse. So ein abgeschlagener Flaschenboden, der wirkt wie ein Brennglas, kannste glauben." Der Bürgermeister winkte resigniert ab. Gegen den kam er nicht an.

Als Günther eines Abends in den Krug kam, um eine Kanne Bier zu holen, sagte der Schmied: „Na, hast du den Schatz schon gefunden?“ Die anderen in der Kneipe lachten, weil doch die Rede ging, Issisch müsste eigentlich stinkreich gewesen sein, Betonung auf stink, denn niemand konnte sich erinnern, dass der je im Dorfkonsum etwas gekauft hatte. Viola gab ihm das eine oder andere ab, wenn das Verfallsdatum abgelaufen war, auch mal eine Stiege aussortiertes Obst. Und die abgeschnittenen Wurstzipfel reichten Issisch für eine herzhafte Suppe.

Wenn er also nie oder nur selten etwas gekauft hatte, muss er seine Rente doch vergraben haben, sagten die Leute und lachten und lachten, weil doch jeder wusste, dass Issisch seinen Schnaps im Nachbarort kaufte. Viola hatte immer gesagt: „Schnaps bekommst du bei mir nicht.“ Da musste er eben ins Nachbardorf gehen.

Günther, dem die blöden Anspielungen gegen den Strich gingen, drehte sich langsam um und sagte vieldeutig: „Weiß man's?“

Da hatte er aber was gesagt! „Wir blödeln hier 'rum von wegen Schatz vergraben“, sagte der Schmied, „und am Ende hat der Issisch wirklich eine Kiste mit lauter Dukaten unter seinem Schrott verbuddelt.“

Günther ging lachend nach Hause und erzählte es Nanni. „Du erst!“, sagte sie. „Am Ende glauben die Leute noch, was sie erzählen.“

„Wenn ich ihnen sage, dass nichts ist – glauben sie es dann?“, fragte Günther zurück. „Jetzt haben sie jedenfalls etwas zum Grübeln, die alten Stänkerer. Is ' sich prima!“, ahmte er die Redeweise Issischs nach.

Recht war es Nanni nicht, dass die Leute so etwas glauben könnten, aber wenn Günther sagte, dass sie sich ruhig die Köpfe darüber zerbrechen sollen, dann sollte es eben so sein.

Am nächsten Tag machte sich Günther daran, die Reste der einstigen Hütte zu beseitigen. Da hätte er Issischs Hilfe gut gebrauchen können. Gegen Abend war er fertig. Er ebnete die Fläche mit dem Spaten ein, um sie dann glatt zu harken. Da stieß er auf etwas Hartes. Er grub den Gegenstand frei. Es war eine eiserne Schatulle mit einem Vorhängeschloss. Günther nahm den Kuhfuß und sprengte das Schloss. Er sah, was in der Schatulle lag. Und atemlos sagte er: „Schiet ock, is' sich dat Jeld."

Babel

Runcis Cirulis war ein bekannter lettischer Dramatiker. Seine Stücke wurden sogar in amerikanischen Theatern aufgeführt. Manche auch in Frankreich.

Der Intendant des Städtischen Schauspielhauses hatte seinem Chefdramaturgen Jochen Adler aufgetragen: „Wenn du nach Riga fährst, dann sieh dich um. Wäre ein Knüller, wenn wir mit einem Stück von Cirulis aufwarten könnten."

Die Delegation, der Adler angehörte, traf sich mit den lettischen Kollegen zu einem offiziellen Meeting. Es war eine dieser steifen Protokollveranstaltungen, bei der es nur Wasser gab, kein Wässerchen, und nach deren Abschluss mörderisch gesoffen wurde. Jochen Adler versuchte mit seinem Schulrussisch zu glänzen.

Cirulis lachte ihn aus. „Fleißiges Kind gewesen, was? Du bist in Lettland!"

Adler unterließ es hinfort, russisch in Lettland zu sprechen. Cirulis konnte ohnehin fast fehlerfrei deutsch. So lernten sie sich kennen.

Zwei Jahre später machte Adler auf Einladung des lettischen Theaterverbandes mit seiner Frau und beider Tochter Urlaub in Jurmala, dem Badeort vor Riga. Das hatte Runcis Cirulis eingefädelt. Offiziell war es ein Arbeitsbesuch.

Runcis Cirulis gehörte zu den Privilegierten, zwar stets mit Argwohn beobachtet, aber doch pfleglich behandelt von den Oberen des Landes. Er wusste, wie weit er gehen durfte, um keinem auf die Füße zu treten. Er besaß ein Holzhaus in Apšuciems in den weiten Wäldern vor der lettischen Hauptstadt. Dorthin lud er seinen Gast und dessen Familie ein.

Für die fünfjährige Karla war alles aufregend und trotzdem normal. Runcis hat eine etwa gleichaltrige Enkeltochter Auce. Lala, die Großmutter, gab den beiden Mädchen Buntstifte und Papier, denn miteinander spielen würde für die beiden etwas schwierig werden. Die eine sprach nur lettisch, die andere nur deutsch.

Auce malte eine Kuh. Sie hielt das Bild hoch und sagte: „Muh." Karla hatte eine Katze gezeichnet. Sie sagte: „Miau." Nach einer Zeit fragte Auce ihre Großmutter, ob sie mit Karla an den See gehen dürfe. Karlas Eltern sahen sich an. Durfte man die Kinder unbeobachtet am Wasser spielen lassen?

„Lasst sie nur. Das ist bloß eine Pfütze", sagte Lala. „Und Auce kennt sich aus."

Als es Zeit wurde, wieder zurückzufahren, spielten die Kinder noch immer am Wasser. Lala rief sie. Beide kamen munter miteinander schwatzend zum Haus. Die Erwachsenen wunderten sich. „Worüber habt ihr denn miteinander gesprochen?"

„Ach", sagte Karla, „über die Frösche und so. Dabei hielt sie mit einer Hand die Tasche ihres Kleides verschlossen, als ob sonst etwas herausspringen könnte.

Runcis lachte. „Ist das nicht wunderbar? Jede redet in ihrer Sprache und beide verstehen sich trotzdem."

„Da har Gottes Strafe nichts genutzt“, erklärte Jochen Adler. „Die Kinder der Babylonier können wieder miteinander reden.“

Runcis Cirulis sagte nachdenklich: „Was ist das für ein Gott, der sein Volk aus verletzter Eitelkeit straft und die Menschen nicht miteinander reden lassen will? Der hat das Zeug zum Generalsekretär.“

Lala erschrak heftig. Sie wusste, dass die Wände in diesem Land Ohren haben.

„Was schleppst du in deiner Tasche herum, Karla?“, fragte die Mutter. Es war ein kleiner Frosch, den ihr Auce geschenkt hatte. Tränen flossen, weil sie ihn wieder freilassen musste.

Der Zufall ist ein Zauberer. Gut dreißig Jahre später hatte Karla in Paris zu tun. Ihr Verleger wollte die jüngste Übersetzung mit ihr abstimmen. „Was halten Sie davon, wenn ich Sie für den Abend ins Theater einlade? Es soll ein interessantes Stück laufen, Babel. Von einem Letten.“

Karla fiel sofort Auce ein, an die sie eine Ewigkeit nicht mehr gedacht hatte. „Gern“, sagte sie. Die Bilder von Jurmala tauchten in ihrer Erinnerung auf.

Als sie das Foyer betraten, sah sie eine Frau, die ihr bekannt vorkam. Karla kannte keine Frau in Paris. Aber sie hatte nicht einmal Zeit, überrascht zu sein, denn die Fremde kam auf sie zu und fragte: „Karla, c'est toi?“

„Oui, c'est moi. Auce?“

Da fielen sie sich in die Arme. „As-tu par hasard une grenouille dans le sac?“, fragte Auce lachend, die das Bild wieder vor Augen hatte, wie Karla den Frosch herausgeben musste, den sie in der Tasche gehabt hatte.

„Non, nous pouvons toutefois aller des manger“, schlug Karla vor, essen zu gehen, Froschschenkel zum Beispiel.

„Quelle honeur!“, protestierte Auce heftig. Schon der Gedanke, einen Frosch essen zu müssen, entsetzte sie.

Auce nahm Karla und ihren Verleger mit zu sich in die Loge. Es war die Frankreichpremiere von „Babel“, einem Schauspiel ihres Großvaters Runcis Cirulis, das zu dessen Lebzeiten in der Sowjetunion nicht gespielt werden durfte. „So weit kommt es noch, dass wir uns Kosmopolitismus unterjubeln lassen von diesem lettischen Shakespeare!“, hatte der Generalsekretär mit Verachtung erklärt.

Irgendwie ist es so, dass sich irgendwann das Vernünftige durchsetzt und die Menschen wieder lernen, in ihren unterschiedlichen Sprachen miteinander zu reden und sich dennoch gut zu verstehen.

„Varbut ejam labak atkal uz ezeru?“, fragte Auce. Ob sie an den See gehen sollten.

Karla merkte gar nicht, dass Auce lettisch gesprochen hatte. „Oder so“, sagte sie, wenn auch kein See in der Nähe war. Und ob es in der Seine schon wieder Frösche gibt, war zweifelhaft.

Bäcker Buntill

Über Bäckermeister Buntill lassen sich zwei Dinge sagen mit Gewissheit sagen: Wenn er besoffen ist, schmecken seine Brötchen vorzüglich; hat er keinen im Tee, kann man sie gerade noch durchgehen lassen. In aller Regel schmecken Buntills Brötchen vorzüglich.

Es war ein Teufelskreis, als sei er mit dem Leibhaftigen einen Bund eingegangen. Als er vor Jahren die Bäckerei von seinem Vater übernommen hatte, lief das Geschäft mit Brot und Brötchen zwar mäßig, warf aber immerhin einen kleinen Gewinn ab. Doch dann wurde das große Kaufhaus in unmittelbarer Nähe hingesetzt und mit den Preisen für Backwaren, die dort galten, konnte Buntill nicht konkurrieren. Die Geschäfte mit Brot und Brötchen liefen schlecht und schlechter. Die Kosten drohten ihn aufzufressen. Da ging ihm auch noch das Rührwerk entzwei und er musste sich ein neues kaufen, auf Kredit natürlich. Und die Bank bäckt keine kleinen Brötchen.

Es war der falsche Weg, gewiss, aber Bäcker Buntill griff gelegentlich zur Flasche. Er hatte keinen anderen Trost, denn wie soll einer eine Frau kriegen, wenn er am Abend keine Zeit hat, ins Kino oder tanzen zu gehen, weil seine Nacht um drei Uhr morgens endete? Und immer nur Mehlstaub!

Buntill fing das Saufen an. Wenn er den Teig ausstieß, nahm er zwischendurch einen kräftigen Schluck aus der Flasche, die stets in Reichweite stand. Da kam es schon mal vor, dass beim schnellen Zugreifen oder Abstellen ein paar Spritzer in den Teig schwappten. Wenn er den Teig mit der linken Hand ausstieß, hatte er die rechte frei für die Flasche. Dann musste er wechseln und rechts ausstoßen. Da war die linke Hand leer. War der Teig schließlich gut gegangen und fühlte sich wollig an, war Buntill schon in gehobener Stimmung. Und einmal schwappte ihm etwas Schnaps auf die Hand. Da sagte er zu den Brötchen, die er gerade formte: „Ihr sollt auch nicht leben wie ein Hund!“ – und strich ihnen über die runden Bäckchen. Der Duft blieb an den Brötchen haften.

Es sprach sich nur langsam herum, aber treue Kundschaft braucht seine Zeit. Die Brötchen von Buntill, hieß es, sind zwar um ein paar Cent teurer als in der Kaufhalle, aber sie schmecken dafür um einiges besser. So kam es, dass sich wieder mehr Käufer einfanden. Wer zum Grillabend einlud, musste mit vernünftigen Brötchen aufwarten. Und die, das wusste man bald wieder, kaufte man am besten bei Buntill.

Das Geld klingelte in der Kasse. Jetzt hätte Buntill eigentlich keinen Grund mehr gehabt, zur Flasche zu greifen, jedoch, er war schon zu sehr daran gewöhnt. Und er hatte seinen Spaß daran, jedem Brötchen, bevor es in den Backofen kam, noch einmal sanft über die Rundungen zu streichen, immer mit einer dezent nach Kognak duftenden Hand.

Ein armer Bäcker ist ein trauriger Bäcker. Ein trauriger Bäcker ist kein heiterer Mann. Buntill, dem es wieder gut ging, war auch sonst wieder gut drauf. Freilich, abends noch ins Kino oder bis in die Puppen ausgehen war auch jetzt nicht seine Sache. Außerdem war er mittlerweile in einem Alter, in dem er sich nicht mehr für die ganz jungen Dinger interessierte.

Er fand Lieselotte. Sie hatte sich als Verkäuferin beworben. Na gut, sie hatte einen kleinen Sprachfehler. Wenn sie ihren Namen nannte, sagte sie Nieselotte. Aber das tat der Schönheit keinen Abbruch. Viel konnte Buntill nicht zahlen, aber wenig ist mehr als nichts, sagte Lieselotte. Sie brauchte das Geld. Und was sie an Brot und Kuchen benötigte, musste sie nicht bezahlen. Hilft auch rechnen, sagte sie.

Natürlich merkte sie, dass der Chef öfter aus der Backstube kam, als unbedingt erforderlich war. Sie hatte nichts dagegen. Aber sie störte seine ständige Fahne. Von Kerlen, die an der Flasche hingen, hatte sie genug.

Auf seine Annäherungsversuche reagierte sie nicht ablehnend, aber sie machte einmal eine Bemerkung, weshalb sie den Vater ihrer Tochter rausgeschmissen hatte. Er war Alkoholiker gewesen und hatte sie geschlagen. „Da läuft nichts bei mir!"

Buntill grämte sich sehr, dass er bei Lieselotte nicht landen konnte. Er nahm sich auch immer wieder vor, das Saufen zu lassen. Aber der Schnapsteufel hatte ihn fest am Haken, bis die Sehnsucht nach Lieselottes Zärtlichkeiten größer wurde als es die Verführung der Flasche sein konnte. Als er nämlich wieder einmal eine deutliche Abfuhr erteilt bekommen hatte, schüttete er eine halbe Flasche Kognak in den Ausguss und schwor, nie wieder zu trinken.

Lieselotte merkte, welche Veränderung in ihrem Chef vorgegangen war. Als er ihr schließlich gestand, ihretwegen mit der Sauferei aufgehört zu haben, gab sie ihren Widerstand auf.

Aber die Kundschaft blieb weg. Die Leute sagten, seit der verheiratet ist, hat er mit dem Stoßen von Brötchen etwas anders im Kopf. Lieselotte gab sich zwar alle Mühe, die Kundschaft zu halten, aber das gelang ihr immer seltener.

Mit dem Klingeln in der Kasse wurde es zunehmend dürftiger. Und wenn Lieselotte ehrlich war, musste sie zugeben, dass die Brötchen längst nicht mehr so gut schmeckten wie früher, obwohl ihr Mann keine anderen Mischungen verwendete als sonst.

Die Sorgen um die Bäckerei blieben nicht in der Backstube. Sie wanderten bis ins eheliche Schlafzimmer. Es kam öfter zu Streitereien wegen läppischer Kleinigkeiten. Buntill erlag schließlich der Verlockung einer inneren Stimme, die nur die Stimme des Teufels sein konnte.

Lieselotte bemerkte natürlich bald, was geschehen war, aber irgendwie hatte sie auch keine Kraft mehr, ihm die Flasche wegzunehmen. Was sie über den neuen Kummer hinwegtröstete, war die Tatsache, dass der alte Kummer sich auflöste. Es kam wieder Kundschaft, die nach Buntills Brötchen fragte.

Weil sie keine Geldsorgen mehr hatten, klappte es auch wieder besser zwischen den beiden. Buntill hatte keinen Grund mehr, zur Flasche zu greifen.

Aber der Teufel versteht sein Geschäft.

Lisbeths Plätteisen

Es war jedes Jahr das gleiche Drama: Was schenken wir Lisbeth zum Geburtstag? Sie hat doch alles, sagt sie immer. „Lass du dir doch mal was einfallen, Jens. Schließlich ist es deine Mutter. Immer muss ich!“

Jens sah seine Frau hilflos an. „Ich weiß nicht. Sie hat doch alles. Sagt sie.“

Angelika winkte ab. „Ein Buch vielleicht.“

„Hat sie auch schon.“ Der alte Witz. „Außerdem liest sie kaum noch. Sie brauchte mal eine neue Brille. Aber das ist doch kein Geburtstagsgeschenk.“

„Brille wäre gar nicht so verkehrt“, überlegte Angelika. „Ich nehme sie das nächste Mal mit, wenn ich zu meinem Augenarzt gehe. Das ist doch keine Brille, dieses Nasenfahrrad. Drei Mal geflickt. Der rechte Bügel mit einem Gummiband befestigt. Dabei könnte sie sich drei Brillen vom teuersten Optiker kaufen.“

„Könnte sie“, sagte Jens. „Macht sie aber nicht. Nee, Brille zum Geburtstag ist doof.“ Sie kamen zu keinem Ergebnis. Aber bloß mit Blumen hingehen, wäre auch etwas dürftig. „Irgendetwas fällt mir schon noch ein“, sagte Jens.

Angelika lachte. „Dir? Das wäre aber das erste Mal. Wer hatte denn die Idee mit der Mikrowelle oder dem Schaltuch oder dem beleuchteten Wecker fürs Schlafzimmer gehabt? Wobei", unterbrach Angelika ihre Aufzählung, „die Mikrowelle benutzt sie nur, um ihr Kirschkernkissen heiß zu mache, der Schal liegt seit drei Jahren in der Kommode und die Uhr ist ihr nach einer Woche vom Nachtschränkchen gefallen. Jetzt steht wieder das alte Blechdings dort, das sie meistens vergisst aufzuziehen."

„Wieso benutzt sie die Mikrowelle nicht?", fragte Jens.

Angelika hob beide Hände, als müsse sie sich ergeben. „Frag sie mal. Sie hat ja nicht einmal die Bedienungsanleitung gelesen." Angelika mochte ihre Schwiegermutter. Das wäre vielleicht anders, wenn sie in einer gemeinsamen Wohnung oder in unmittelbarer Nachbarschaft leben würden. Aber das taten sie Gott sei Dank nicht. Einmal die Woche auf Besuch, 'n Schälchen Heeßen, Stück Marmorkuchen, ein Schwätzchen. Manchmal nahm Angelika die Wäsche aus dem Korb mit, den Widerspruch der Schwiegermutter einfach überhörend. Sie wusste, dass ihr die Hausarbeit schon etwas schwer fiel. Eine Maschine mehr macht das Kraut auch nicht fett, sagte sie dann immer.

Eine Idee, was sie Muttern zum Geburtstag schenken könnten, kam ihnen nicht. „Ich bringe ihr morgen die Wäsche rüber. Seh mich mal um, was sie gebrauchen könnte."

Als sie die Wäsche weggebracht, 'n Schälchen Heeßen bei der Schwiegermutter getrunken und ein Schwätzchen über Gott und die Welt mit ihr gemacht hatte, kam sie zufrieden nach Hause. „Bügeleisen!", sagte sie stolz. „Sie wollte doch tatsächlich gerade ihre Kittelschürze bügeln."

Jens lachte. „Mit dem vorsintflutlichen Gerät, das den Bauernkrieg noch miterlebt hatte?" Er hatte schon mehrmals versucht, seiner Mutter das alte Plätteisen – Bügeleisen sagte sie nie, sie sagte ja auch Plättbrett – auszureden. Wahrscheinlich würde sie im Antiquitätenhandel einen Haufen Geld dafür bekommen. Außerdem fürchtete er, dass sie beim Herausnehmen des glühenden Eisens aus dem Ofen, bevor sie es in ihr Plätteisen schob, die Balance verlieren könnte und dabei die ganze Bude in Flammen aufging. „Bügeleisen!", sagte er begeistert. „Wenn ich dich nicht hätte, Frau!"

Also gingen sie los, um ein elektrisches Dampfbügeleisen für die Mutter zu kaufen. Und es sollte schon etwas Ordentliches sein. „So mit Warmwasserbeleuchtung", erklärte Jens lachend, der ein Ingenieur war.

Billig sind diese Geräte nicht. Aber es war für Mutter, da sieht man nicht auf den Preis, zumal Jens nicht gewusst hätte, was sie sonst schenken sollten.

Fast 400 Euro. Es gab noch teurere Dampfgenerator-Bügeleisen. Neun bar Hochdruck, Dampfausstoß 600 Gramm pro Minute, mit schalldämpfender Technologie. Mutter hat so etwas verdient! Und das alte Ding verscherbeln wir beim Antikhandel, da halbiert sich wahrscheinlich der Einsatz. Angelika konnte rechnen.

„Was ist'n das?" Lisbeth löste die rote Schleife und das Geschenkpapier. „'n Plätteisen mit eingebautem Radio?"

Jens lachte. „So etwas Ähnliches. Ein Wunderwerk der modernen Haustechnik, Mutter. Deine Wäsche bügelt sich in Zukunft fast von alleine."

Sie sah ihren Sohn skeptisch an, dann blickte sie zu Angelika. „Hast du auch so ein Ding?"

Angelika hätte sagen müssen, dass sie mit ihrem stinknormalen elektrischen Bügeleisen gut zurechtkomme, aber sie wollte, dass Oma Lisbeth ihre Freude an dem Gerät habe. Oma Lisbeth sagten sie beide, obwohl ihre Kinder bereits erwachsen waren.

„Pack's aus. Du wirst staunen, was das Bügeleisen alles kann. Ist ein Dampfgenerator. Hat Jens für dich ausgesucht."

„Dampfbügeleisen", korrigierte Jens. „Dampfgenerator-Bügeleisen."

Lisbeth öffnete den Karton und entnahm ihm das Dampfgenerator-Bügeleisen-Dings. Es blitzte wie auf Hochglanz poliertes Eisen. „Und die Knöpfe? Kann man damit die Sender einstellen?" Das sollte ein Scherz sein, um ihre Verunsicherung zu überdecken. „Kann man damit auch plätten?"

„Bügeln, Mutter, bügeln! Und zwar alles, von hauchdünner Seide bis zu dicken Frotteetücher. Alles einstellbar mit den Knöpfen und Schaltern. Ist kinderleicht."

„Aha", sagte Lisbeth und betrachtete mit leicht zusammengekniffenen Augen das Wunderwerk der Technik.

„Bedienungsanleitung ist dabei", erklärte Jens. „Lies sie, bevor du das Gerät einschaltest. Zum Beispiel diesen Knopf." Er legte den Finger auf den ersten der Schaltknöpfe. „110 Grad. Das ist die niedrigste Temperaturstufe. Der Dampf geht aber erst bei der nächsten Stufe an, 150 Grad. Stufe drei: 200 Grad."

„Am besten", erklärte Angelika, „du sortierst die Wäsche vor. Geh nach den Punkten auf dem Pflege-Etikett. Da kannst du nichts falsch machen. Hier, im Heft hast du eine Übersicht." Sie zeigte auf das Inhaltsverzeichnis des Begleitheftes: „Achtung Bügeltemperatur – Pflegesymbole erklärt."

„Wenn du den Tank füllst", fuhr Jens fort, aber da unterbrach ihn die Mutter verblüfft: „Was denn, geht das Ding mit Benzin?"

„Nein, mit Wasser. Am besten, du nimmst destilliertes Wasser. Gibt es in der Drogerie. Wenn du den Tank füllst, lies vorher die Beschreibung. Steht hier: Welches Wasser zum Bügeln? Es ist wirklich alles erklärt." Jens wollte sagen „idiotensicher", aber das verkniff er sich natürlich.

„Das ist die Kontrollleuchte", sagte Angelika. „Wenn du einschaltest, leuchtet sie auf. Wenn sie ausgeht, ist das Bügeleisen betriebsbereit. Wenn du das Bügeleisen waagerecht hältst und Dampf austritt, kannst du mit dem Bügeln beginnen."

„Plätten", sagte Lisbeth.

„Meinetwegen auch plätten. Wenn du starke Falten im Stoff hast, drückst du einfach diesen Knopf, um den Dampfdruck auszulösen. Was dein Bügeleisen sonst noch kann, wird beschrieben unter der Überschrift: Das sollte dein Bügeleisen bieten. Lies dir alles in Ruhe durch", sagte Jens. „Wenn du Fragen hast: Dem Inschenör ist nichts zu schwör."

„Mach ich, Junge. Und jetzt gibt es erst einmal Kaffee – oder kann man den auch mit dem Dampfdingsbums aufbrühen?"

Sie ging in die Küche, um Kaffee und selbst gebackenen Kuchen zu holen. Jens und Angelika blickten sich fragend an und sahen nun selbst etwas verunsichert auf ihr Geburtstagsgeschenk. „Sie wird es schon begreifen", meinte Jens. „Notfalls erklärst du es ihr."

Angelika nickte ergeben. Immer ich.

Es wurde, wie immer, ein fröhlicher Nachmittag. „Deinen 80. Geburtstag feiern wir aber nächstes Jahr ganz groß im teuersten Schuppen der Stadt."

„Quatsch!", sagte die Mutter. „Teuersten Schuppen. Es gibt Sauerbraten und Klöße. Habe ich mir schon überlegt."

Zwei Wochen später besuchte Angelika ihre Schwiegermutter. Das Bügelbrett, Plättbrett genannt, stand im Wohnzimmer. Das alte Plätteisen stand auf einem umgedrehten Porzellanteller auf dem Esstisch daneben. Ein Bettlaken, dazu Kopfkissenbezug und Bettbezug lagen in einer gelben Plastikschüssel. Als Lisbeth sah, dass ihre Schwiegertochter die Augenbrauen hob, sagte sie: „Bin noch nicht zum Lesen gekommen."

Was schenken wir Mutter zum 80.?

Kantor Kluges Kinder

Als Mimi Kluge, die Frau des Kantors, ihr siebtes Kind gebar, war es wieder ein Knabe. Kluges Freund Hermann, Küster im benachbarten Kirchensprengel, gratulierte mit dem Satz: „Sieben Söhne sind auch ein Staat.“ Er dachte, das sei ein Psalm, aber die Zeile gehört in ein Burschenschaftslied.

Der siebte Sohn wurde auf den Namen Gabriel getauft. Es gab schon einen Andreas, einen Benedikt, einen Christoph, einen Daniel, einen Elias und einen Franziskus. Nun also Gabriel. Alles schön nach dem Alphabet sortiert. Gemeinsam hatten sie einen zweiten Vornamen: Amadeus. Nicht wegen Mozart. Amadeus bedeutet Gottlieb.

Die Gemeinde hatte dem Pfarrer und seiner Familie das alte Schulgebäude überlassen. Die Zeiten der Einklassenschule waren vorbei. Die Kinder des Ortes wurden mit dem Bus in die naheliegende Stadt gefahren. Das Gebäude stand leer. Es zu sanieren oder abzureißen, hätte Geld gekostet, das die Gemeinde nicht hatte. Der Kantor, das muss man sagen, konnte nicht nur Orgel spielen, er war auch sonst ein handfester Mann, wenn auch allem, was er zimmerte und mauerte, der Charme des bemühten Laien anhaftete. Und im Übrigen verfügte er über sieben mehr oder weniger bereitwillige Helfer.

Eigentlich bestand die ehemalige Schule nur aus einem großen Raum und zwei kleinen Zimmern, die einst der Schulmeister bewohnt hatte. Dann war noch das Spitzdach, das ausgebaut werden konnte.

Kantor Kluge machte sich zunächst ans Zeichnen und Rechnen. Wenn das Geld bei seinen Eltern damals gereicht hätte, wäre er gern Architekt geworden. Den großen Raum unterteilte er mittels einer Trockenwand in ein kleineres und ein größeres Zimmer. Der eine der beiden Schulmeisterräume wurde die Küche, der andere das elterliche Schlafzimmer. Den Spitzboden richtete er als Gemeinschaftsraum für seine sieben Söhne her, die sich dort oben recht wohl fühlten, weil sie der direkten Kontrolle ihres strengen Vaters nicht permanent ausgesetzt waren.

Mimi saß gern bei ihren Jungs, wenn der Kantor zum Dienst außer Haus weilte. „Euer Vater liebt euch, er kann es nur nicht so zeigen", sagte sie, wenn die sich über den Kantor bei ihr beschwerten.

Gabriel Amadeus hatte, da war er keine drei Jahre alt, einmal gehört, wie Mimi zu einem Besucher sagte: „Der Herr Kantor ist nicht zu Hause." Er wollte wissen, wer das ist. Er kannte keinen Herrn Kantor. „Das ist dein Vater", erklärte Mimi. Als sie am nächsten Morgen um den Frühstückstisch versammelt waren, sagte Gabriel Amadeus: „Herr Kantor, die Marmelade bitte."

Eigentlich mochte es Kantor Kluge nicht, wenn man sich auf seine Kosten amüsierte, aber bei dem Gelächter, das nach dieser Bitte ausbrach, musste er gute Miene zeigen und etwas gequält mitlachen. Seither wurde, wenn die Kinder unter sich oder nur mit Mimi allein waren, immer nur vom Herrn

Kantor gesprochen, wenn es um den Vater ging. Der Herr Kantor ist noch im Dienst.

Kantor Kluge hielt sich viel darauf zugute, dass es in seiner Familie wie am Schnürchen lief. Er war überzeugt, das sei das Ergebnis seines Organisationstalents, denn er liebte es, alles zu planen. Es war aber eigentlich Minnas Liebe und ihr weites Herz, was den Laden zusammenhielt.

Zum Beispiel das Frühstück, die wichtigste Mahlzeit im Haus des Kantors. Da trafen sich alle am großen Tisch. Der Hausherr saß am oberen Ende der langen Tafel, die Hausfrau ihm gegenüber. Rechts vom Kantor war Platz für den Erstgeborenen Andreas Amadeus, ihm gegenüber saß Benedikt, neben ihm Christoph. Dessen Gegenüber war Elias, dann Franziskus, schließlich Gabriel, der neben Mimi Platz nehmen durfte. Ein Stuhl am Tisch war noch frei. Aber Mimi hatte beschlossen, dass der unbesetzt bleiben sollte. Und er blieb es auch.

Waren alle am Tisch versammelt, sprach Kantor Kluge das Gebet. Während des Essens wurde nicht gesprochen. „Das ist ungesund!" Unverrückbare Wahrheit.

Man kann nicht sagen, dass die Tafel üppig gedeckt war, aber es gab reichlich. Zum Beispiel Hafersuppe, die niemand liebte, aber „Hafersuppe ist gesund!" Oder Brot. Das buk der Kantor selbst. Natürlich dunkles Brot. Am Sonntag kamen selbst gebackene Roggenbrötchen auf den Tisch. Die Marmelade war aus den Früchten des Gartens gemacht, das Gelee vom Holunder hinterm Haus. Sie besaßen stets zwei Milchziegen, welche das Ausgangsmaterial für würzigen Käse lieferten. Für jeden ein Ei gab es einmal die Woche, alle anderen Eier, die ihre Hühner legten, brachte Mimi zum Markt. Der

Garten war die Grundlage der Versorgung. Was nicht in den eigenen Beeten wuchs, konnte eingetauscht werden.

Als sie das Haus zugewiesen bekommen hatten, war der Garten in einem verwilderten Zustand. Er musste gründlich umgegraben werden und die Schollen über Winter ausfrieren. Im Frühjahr beorderte der Kantor Söhne zum Quecken-Lesen. Das war ein mühsames Geschäft, denn jedes Würzelchen trieb wieder aus. Ein kleines Feld blieb stehen. Der Kantor grub fast einen halben Meter tief Dachpappe ein, um das Ausbreiten der Pflanzen zu unterbinden. Quecke ist gesund! Dann legte er Kartoffeln in mehrere Furchen. Immerhin gelang es, den Garten weitgehend von Unkraut zu befreien. Die geernteten Erdäpfel, wie Kantor Kluge sie nannte, wurden eingekellert. Sie reichten bis zur nächsten Ernte.

Im folgenden Jahr ging Kantor Kluge dazu über, den Garten nach Plan zu bestellen. Möhren, Kohlrabi, Bohnen, Radieschen, Kopfsalat, Gurken, Tomaten, Rhabarber, Kürbis. Die Beete mussten schnurgerade angelegt werden. Der Kantor ordnete an und maß die angegebenen Abstände nach.

Im hinteren Teil des großen Gartens standen mehrere Obstbäume, die erst wieder in Form gebracht werden mussten. Wenn die Kinder murrten, weil sie lieber spielen gegangen wären, sagte der Kantor: „Wer essen will, muss auch arbeiten wollen!“ Er sagte solche Sätze, als stünden sie in der Heiligen Schrift.

Für Kantor Kluge war der Garten eine ideale Gelegenheit, seine Söhne zu unterweisen. Er hatte sieben Bänke und die große Tafel aus der alten Schule übernommen und an der Nordseite des Dachgeschosses ein Klassenzimmer aufgebaut. Hier machten die Söhne ihre Hausaufgaben, hier wies sie der

Kantor in die Gartenarbeit ein. Möhren: Man schmeißt nicht eine Handvoll Samen irgendwo auf die Erde und wartet, dass daraus kräftige Pflanzen gedeihen. „Also: Die Möhre, korrekter: Gartenmöhre, Karotte oder Mohrrübe. Daucus carota. Zu den Umbellifera, Doldengewächs, gehörend. Schon die Griechen und Römer …"

Kantor Kluge war in seinem Element. Im Gegensatz zu den oft ungehörigen Katechisten, die glaubten, er sähe ihre Streiche nicht, wenn er am Harmonium saß, konnte er bei seinen Söhnen seine Vorstellung von einem Pädagogen ausleben. Die war zwar etwas antiquiert wie die Bänke, auf denen seine Zöglinge saßen, aber in seinem Hause herrschte Zucht und Ordnung. Während er dozierte, durfte nicht mitgeschrieben werden. Er forderte konzentrierte Aufmerksamkeit. Wer schrieb, verpasste vielleicht eine wichtige Information. Erst am Ende seines Vortrages, wenn er das zusammenfassende „Ergo!" sprach, hatten sie ihre Hefte aufzuschlagen und stichpunktartig zu notieren, was sie vor dem Auslegen des Karottensamens zu wissen hatten.

Die Tafel diente als Dokumentationsort über Samenrillen, Abstand, Anordnung des Platzes für den gegen Mäuse wirkenden Knoblauch, über das Pikieren und Düngen und den richtigen Zeitpunkt für die Ernte.

Der Garten ist kein Spielplatz. Jedem wurde sein Part bei der Vorbereitung des Beetes und der Aussaat zugewiesen. Widerspruch duldete der Kantor nicht. Wenn er die zehn Gebote hätte neu sortieren können, wäre das vierte Gebot auf den ersten Platz gerückt worden. Du sollst Vater und Mutter ehren. Vor allem Vater. Aber er wollte sich nicht versündigen. Irgendwie bezog er das erste Gebot auch auf sich. Ich bin der

Herr, dein Gott. Wenn er solches dachte, sagte er in Gedanken dazu, dass das natürlich nur ein Spaß sein sollte, denn natürlich wollte er den Herrn nicht erzürnen. Aber wo steht, dass Gott lacht?

Die Söhne wuchsen heran. Einer nach dem anderen verließ das elterliche Haus. Es wurde still und stiller in der einstigen Schule. Und der Garten gewann langsam ein anderes Aussehen. Es war nicht mehr notwendig, so viel Gemüse und Obst anzubauen. Wer sollte das alles essen? Wenn die Söhne auf Besuch kamen, nahmen sie gern ein Glas Quittengelee aus Mimis Vorratskammer mit oder eine Stiege Äpfel, aber sonst verdarb viel von dem Eingeweckten, wenn bereits die neue Ernte verarbeitet werden musste.

Die Söhne waren froh, wenn sie durch den Garten gehen konnten, ohne einen Spaten oder eine Harke in die Hand nehmen zu müssen.

Bei keinem hatte die väterliche Leidenschaft, zu pflanzen und zu ernten, zu pflegen und zu jäten, zu gießen und zu schneiden Nachahmung gefunden. Wenn man Möhren brauchte, ging man in die Kaufhalle. Oder Marmelade. Gurken, Bohnen, Salat gab es, ohne dass man zwischen den Furchen kriechen musste. Und preiswert war es auch noch. Nein, in keinem lebte die Sehnsucht nach einem eigenen Garten. Da gab es zu viele Erinnerungen. Zwei bis drei Balkonkästen mit Pelargonien, mehr Garten war nicht gewollt.

Mimi hätte am liebsten den Garten voller Blumen und Küchenkräuter gehabt. Nur eine kleine Ecke ließ der Kantor gelten. Er hatte eine neue Leidenschaft entdeckt: Gräser in allen möglichen Varianten, Abstufungen und Gestalten. Beet für Beet wurde geopfert, um neue Sorten anzupflanzen.

Mimi hatte es schwer, ihre Blumen und Kräuter zu verteidigen. Insgeheim gefielen ihr die Gräser, der Kalamus und das Sandrohr, die Morgensternsegge und das Liebesgras, das hohe Lampenputzergras und das Windspiel. Aber sie argwöhnte, er würde ihr, zeigte sie auch nur geringstes Interesse, an der Schultafel, die noch immer hinterm Haus stand, von Acorus calamus bis Stipa tenuissima erst einmal alle lateinischen Namen eintrichtern. Das hätte ihr die Freude am Gräsergarten verdorben. Wenn er nicht zu Hause war, ging sie gern hinaus und freute sich am Spielen des Windes in den Halmen.

Kantor Kluge kam in die Jahre. Der Garten nahm darauf keine Rücksicht. Es wuchs und wuchs – und es wuchs auch das, was er ungern als Unkraut bezeichnete, aber die Gräser mehr und mehr durchwucherte. Schließlich machte ihm ein Hüftleiden so arg zu schaffen, dass er sich nur noch im Kriechgang durch den Garten bewegen konnte. Das Unkraut wucherte bald schneller, als er kriechen konnte.

Mimis Bitte, er möge den größeren Teil des Gartens an den Nachbarn abgeben, wies er mürrisch ab. Wenn die Söhne kamen, war deren Zeit zu knapp, auch noch im Garten zu schaffen, was Mimi im Übrigen gar nicht recht gewesen wäre. „Ihr kommt so selten. Ihr seid nicht zum Arbeiten hier. Der Kantor soll den Garten verkaufen."

Der Kantor verkaufte nicht. Es grämte ihn zwar sehr, dass die Söhne weit übers Land verstreut eine neue Heimat gefunden hatten und ihm nicht helfen konnten, aber er war auch viel zu störrisch, um einzusehen, dass es eigentlich nicht mehr ging. „Findet ihr mich eben eines Tages unterm Miscantus sinensis!", sagte er gnatterig, wie immer mit Ausrufezeichen. Die Söhne nahmen es nicht für ernst.

Bis es nicht mehr ging. Eine Hüftoperation war dringend erforderlich. Weil er zu früh aufstand und zu ungeduldig war, stellten sich Komplikationen ein. Ganze elf Wochen musste er im Krankenhaus zubringen. Wenn ihn Mimi besuchen kam, war seine erste Frage: „Was macht der Garten?"

„Werde erst mal gesund, Vater. Es war in den letzten Jahren selten geworden, dass sie ihn so nannte. Meistens sagte sie Herr Kantor.

Auf die Idee kam Andreas, der Älteste. Er telefonierte mit seinen Brüdern und sie verabredeten sich für das Wochenende, bevor der Vater aus dem Krankenhaus nach Hause kommen sollte. Sie gingen planvoll vor. Das hatten sie bei ihm gelernt. Zunächst zeichneten sie mit Kreide den Garten in seinen einzelnen Segmenten auf die Tafel. Dann erörterten sie Vorgehensweise und Materialeinsatz. Erst dann machten sie sich an die Arbeit. Jeder hatte seine konkrete Aufgabe. Es schien eine Sisyphusarbeit zu sein, so verwildert war der Garten in den letzten Wochen. Die Sträucher und Bäume hätten schon viel früher zurückgeschnitten werden müssen.

Es wurde viel gelacht bei der Arbeit. „Weißt du noch?", fingen die meisten Sätze an. Und immer drehte es sich um den Kantor. „Weißt du noch, wie er die Holzbrille vom Plumpsklo mit farblosem Lack gestrichen hat, aber keinem Bescheid gab und Mimi die Erste war, die aufs frisch gestrichene Örtchen musste?" Oder die Sache mit Rammler, der sie biss, wenn sie Futter in seine Raufe legten. Der Kantor sah sich schließlich gezwungen, das Tier wegzugeben. Aber nicht, weil das Tier so bissig war, sondern weil es so heftig stank, dass man sich dem Stall nur noch mit zugehaltener Nase nähern konnte. Woher sollte er wissen, dass seine Söhne in den Käfig pinkelten.

Drei Tage hatten sie zu tun. Aber dann stand der Garten wieder wie eine Eins. Sie konnten stolz sein auf ihr Werk. Und dann kam der Kantor nach Hause. Er brauchte Gehhilfen und er war noch recht wackelig auf den Beinen. In den Garten, sagte er, wolle er lieber gar nicht erst gehen oder sehen. Aber dann gelang es Mimi, ihn in die Nähe des Fensters zu locken und wie zufällig zog sie die Gardine auf.

Er blickte nur schräg aus den Augen nach draußen. Dann schüttelte er den Kopf, als wolle er sagen: Muss ich mich wohl verguckt haben. Beim zweiten Mal sah er schon genauer hin. Dann nahm er wortlos seine Krücken und bewegte sich in Richtung Garten. Seine sieben Söhne und Mimi folgten ihm mit geringem Abstand.

Kantor Kluge stand in der Tür und blickte in seinen Garten. Rieb er sich die Augen, weil er ihnen nicht traute. Oder waren es Tränen, die er sich wegwischen musste? Dann sagte er mit belegter Stimme: „Sieben Söhne sind auch ein Staat." Sehr viel mehr sagte er nicht. Aber es ist wohl das erste Mal gewesen, dass er sie gelobt hatte. Und dass er stolz auf seine sieben Söhne war.

Am Fluss am Hang am Morgen

Manchmal wachte Egon schon früh kurz vor fünf Uhr auf. Er hörte die Kirchenglocken, die immer eine Viertelstunde voraus waren. Wenn fünf helle auf vier dunkle Töne folgten, war es erst Viertel vor fünf. Alle Versuche, wieder einzuschlafen, schlugen dann fehl. Zählen half auch nicht. Er versuchte es mit Autosuggestion, indem er in Gedanken immer wieder sagte: Schla-fen. Schla beim Einatmen, fen beim Ausatmen. Umsonst.

Er setzte sich auf den Bettrand und döste vor sich hin. Lisa schlief im Nachbarzimmer. „Wo du schnarchst, traut sich nicht einmal ein Löwe hin!", hatte sie behauptet. Es war ihm unangenehm, aber alle Versuche, die Schnarcherei loszuwerden, scheiterten kläglich. Also schliefen sie getrennt.

Egon saß auf der Bettkante und überlegte, was er tun soll. Angeln, sagte er sich schließlich. Er schlurfte ins Bad, wusch sich und kämmte seinen struppigen Bart und die widerspenstigen Haare, zog sich an, ging in die Küche und brühte seinen Kaffee in der Tasse auf. Essen mochte er um diese Zeit noch nicht. Aber er bereitete das Frühstück für Lisa vor. Das machte er regelmäßig, seit er nicht mehr um sechs ins Institut fahren musste. Er legte noch einen Zettel hin: „Bin angeln."

Er wusste eine Stelle, wo er allein sein würde. Der Fluss machte unterhalb der Felswand einen scharfen Bogen. Zwei Meter über Wasserhöhe führte der Leineweg entlang, auf den einst Treidler die schweren Lastkähne flussaufwärts gezogen hatten.

Manchmal kamen Wanderer vorbei, aber um diese frühe Stunde würde er seine Ruhe haben. Er wollte allein sein. Angler, hatte er einmal gelesen, sind Einzelgänger. War er eben ein Angler.

Er hatte einen kleinen Klapphocker mitgenommen, den er aufschlug. Dann nahm er seine Angel, tat, als zöge er einen Wurm auf den Haken und warf sie aus. Sanft schlug das Wasser gegen das steinige Ufer. Die Vögel hatten ihr Morgenkonzert schon beendet und schwirrten nach Nahrung aus. Er beobachtete ein Taubenpärchen, das Nistmaterial sammelte. Manchmal schnalzte ein Fisch im Fluss. Ein leichter Wind strich über das gelbe Rapsmeer. Er erinnerte sich eines Gedichtes, das er vor vielen Jahren gelesen hatte: „Sieh das Rapsfeld, blühend lacht es wie der Liebsten Angesicht." Er wusste nicht, wie die Verse weitergingen. Lange her. Das war, als er Lisa kennenlernte.

Schöner Morgen. Eine aufmerksame Entenmutter mit sieben Küken ließ sich im Wasser treiben. Er beobachtete, wie die Kleinen munter abtauchten. Sie hatten das Gründeln bereits von der Alten gelernt. Weit voraus segelte ein Bussard. Er hörte eine Rohrdommel. Das klang, als bliese jemand auf einer Bierflasche. Sonst Stille.

Sein Abschied aus dem Institut war mit allem Brimborium gefeiert worden. Der neue Chef war des Lobes voll, wenn Egon auch den Verdacht nicht ganz unterdrücken konnte, dass ein Stück Erleichterung mitschwang. So fein war der Faden zwischen ihnen nicht gesponnen. „Ich hoffe, Professor, wir dürfen auch in Zukunft auf Ihre Erfahrung bauen." Eine Floskel.

Zwei, drei Rückfragen waren noch gekommen, nichts Wichtiges. „Wo liegen eigentlich die Unterlagen für ..." Na, wo schon! Richtig nachsehen! Dort, wo sie hingehören. Vielleicht hatte er auch etwas unwillig geantwortet. Seht doch zu, wie ihr ohne mich klarkommt!

Er war ein Arbeitstier gewesen, ein Workaholic, wie man das jetzt nennt. Zwölf Stunden und mehr im Institut waren normal. Konferenzen, Präsentationen, Forschungsbeirat, Tagungen in aller Welt – keine Feier ohne Meier. Er war einer von der Sorte, die meinten, der Laden bricht zusammen, wenn er nicht dabei ist. Ein international geschätzter Fachmann, ein sympathischer Kollege für alle, die nicht direkt unter ihm arbeiten mussten, ein gerechter Institutsleiter, aber ohne jedes Gefühl für die Sorgen und Nöte anderer. Private Probleme hatte man beim Eintritt ins Institut vor der Tür zu lassen. Nein, die Probleme anderer Menschen ließen ihn nicht kalt, er verstand sie nur nicht, weil er sich nicht die Zeit nahm, sie zu verstehen.

Und plötzlich diese Ruhe. Er hatte Monate gebraucht, um zu begreifen, dass er nicht mehr ins Institut musste. Kein Fahrer vor der Tür. Kein Büro. Keine Sekretärin, kein Anruf, keine Termine.

Er begann, den Küchenschrank neu zu ordnen. Das Salz hier hin, die Teller besser dort. Egon konnte mit Lisas Küchenorganisation , wenn von Ordnung überhaupt die Rede sein durfte, nichts anfangen.

Lisa ließ ihn gewähren. Eine Stunde länger im Bett liegen zu dürfen, genoss sie. Und wenn es ihm Spaß machte, na, ihr sollte es nur recht sein. Sie hätte sich ihren Mann eh nicht untätig herumsitzend vorstellen können. Und er entdeckte eine Leidenschaft aus seiner Studentenzeit neu Hemden bügeln. Zuerst den Kragen!

Langsam gewöhnte er sich an das neue Leben, in dem Lisa wieder die wichtigste Rolle spielte. Natürlich hatte er sie immer geliebt. Aber Lisa hätte von dieser Liebe gern mehr gespürt als den Satz zu hören: „Du bist wichtig für mich." Auf ihre alten Tage wurden sie wieder ein richtiges Paar. Und wenn er angeln gehen wollte, na, dann soll er doch angeln gehen. Er kommt ja wieder.

Also saß er am Fluss am Hang am Morgen auf seinem Klapphocker und hielt die Angel in den sanft strömenden Fluss, lauschte dem Ruf der Rohrdommel, beobachtete den Flug der Vögel, atmete die frische Luft mit dem Rest von Nachtfeuchte, sieh das Rapsfeld … und hing seinen Gedanken nach. Was ist Leben? Arbeiten? Am Fluss sitzen? Mit Lisa reden? Zum Beispiel: Frühstück mit ihr auf der Terrasse. Gibst du mir bitte mal den Honig 'rüber?

Da kam ein Mann. Ein großer blonder Mensch, Mitte dreißig, als zünftiger Angler unschwer zu erkennen. Er trug eine ärmellose Weste über einem karierten Flanellhemd, die fast nur aus Taschen bestand. Dazu ein paar khakifarbene Hosen. Basecap mit den Buchstaben NY. Er nickte zu Egon herüber. „Petri Heil!"

Egon nickte. Der Mann packte drei Angeln aus, die er zusammenschraubte und die eher an technische Hochleistungsgeräte erinnerten als an gewöhnliche Angelruten.

Armalite, vierhundert Euro das Stück. Dagegen stank er mit seinem Besenstiel mächtig ab. Egon beobachtete, wie der Blonde die geeigneten Haken aus einer metallenen Schachtel heraussuchte und die passenden Controller als Bissanzeiger in die Schnüre hängte.

Egon amüsierte sich über den Eifer, mit dem der Mann zu Werke ging, während der etwas abfällig auf den Schneider blickte, wie Angler einen nennen, der nichts fängt.

Der Profi musste nicht lange warten, da zog er bereits den ersten Fisch heraus, den er mit einem schnellen Schlag tötete und versorgte. Nach dem vierten Fisch fragte Egon interessiert: „Was machen Sie mit denen?“ Er hatte noch keinen.

„Wahrscheinlich verschenken. Ich mache mir nicht viel aus Fisch. Es ist das Angeln, verstehen Sie?“

Das verstand Egon.

„Sie sollten es mal mit Kaffeesatz versuchen“, sagte der Blonde. „Ich gebe Kaffeesatz unter die Erde, in der ich die Würmer aufbewahre. Da bleiben sie munter und hängen nicht so träge am Haken.“

„Geht das auch mit Gerstenkaffee?“

Der Blonde lachte amüsiert. Egon war an den Fluss gekommen, um die Stille zu genießen. Das Angeln war nur ein Vorwand, damit es nicht so aussah, als wüsste er mit seinem Leben sonst nichts anzufangen.

Es war Zeit. Lisa wird gleich aufstehen. Das gemeinsame Frühstück war ihm wichtig. Er holte seine Angel ein und hörte den Blonden erstaunt sagen: „Was denn, ohne Köder, nur die nackte Schnur? Na, da kann doch nichts werden! Wenn Sie wollen, nehmen Sie einen von meinen mit, sonst schimpft vielleicht Ihre Frau“, bot der Blonde gönnerhaft an.

„Danke“, sagte Egon. „Ich gehe bei Fisch-Christel vorbei. Die kriegt heute frischen Zander.“ Er tippte grüßend gegen die Stirn, nahm seine Rute und seinen Klapphocker und trollte sich.

Leute gibt's!, dachte der Blonde. Was der wohl in aller Herrgottsfrühe am Wasser wollte?

Auf Draht

Richard stieg in die Sieben, um in die Stadt zu fahren. Die Bahn war um diese Zeit nur mäßig besetzt. Er fand einen Platz im hinteren Teil, auf dem er in Fahrtrichtung blicken konnte. Er mochte es nicht, mit dem Rücken voran sein Ziel zu erreichen. Es waren allerdings nur vier Stationen. Er lehnte sich bequem zurück. Die Stadt fuhr an ihm vorbei. Das gefiel ihm.

„Wie kann man nur so blöd sein!"

Verblüfft drehte sich Richard um. Ein junges Mädchen mit einer undefinierbaren bunten Frisur saß hinter ihm. „Meinen Sie mich?"

Sie nahm für einen Moment ihr Telefon vom Ohr. „Is was, Opa? Nein, du nicht." Und wieder an den Gesprächspartner: „Vor mir sitzt einer, der mich anmachen will. Also, was ist, wie kann man nur so blöd sein?" Da war sie schon wieder beim nächsten Thema. Richard drehte sich kopfschüttelnd um. Opa! Er war mal gerade 50 geworden. Und wenn schon Opa, dann nicht bei dieser Göre.

„Wenn der glaubt, dass du auf den angewiesen bist, dann bist du es wirklich. Schieß ihn in den Wind. Ich mochte den Kerl ohnehin nicht. Wirf den Frosch wieder in den Teich. Es gibt noch mehr davon. – Jetzt, wo du es sagst, ja, er hat es auch bei mir versucht. Na und? War das nur das eine Mal. He, was regst du dich auf? So einer ist das, sage ich doch. Lauf ihm nicht hinterher. – Wie kann man nur so blöd sein."

Drei Stationen hatte Richard Ruhe. Er sah nur, dass sie ziemlich wütend sein musste, als er ausstieg. Hat sie also mit dem Freund ihrer Freundin … Na, ich weiß ja nicht.

Richard hatte kein besonderes Ziel in der Stadt. Es war Samstag, dienstfrei. Er setzte sich gern in der Fußgängerzone auf eine Bank und beobachtete die an ihm vorbeiflanierenden oder vorbeihastenden oder vorbeitrottenden Leute. Obwohl das Radfahren in der Fußgängerzone nicht erlaubt war, kamen doch immer wieder welche vorbeigeradelt. Richard hatte Zeit.

„Ist der Platz noch frei?", fragte ein älterer Mann.

„Ja", sagte Richard. „Ist doch 'ne Volksbank."

Da saß der Mann bereits. „Schönes Wetter heute."

„Ja, schönes Wetter."

„Meine Frau hat gesagt, es würde bald regnen."

„Glaube ich nicht."

„Glaub ich auch nicht. Ich ruf sie mal an." Er holte sein Telefon aus der Tasche, tippte die Nummer ein, wartete einen Moment. „Ach, Hilde. Da bist du ja." Wo hätte sie sonst sein sollen, wenn sie ans Telefon geht?

„Wärst du nur mal mitgekommen. Ist nämlich schönes Wetter. Bisschen windig, aber sonst schönes Wetter. Sagt der Mann neben mir auch. – Nee, kenn' ich nicht. So mein Alter." Er blickte Einverständnis erwartend zu Richard.

Bin ich nicht, dachte Richard, aber seine Frau kann mich eh nicht sehen.

„Ja, könnte ich. Wie heißt das? Aqua was? Ach so, sag's doch gleich. Destilliertes Wasser. Kann ich mir merken. Kost'n das? – Na, das kriege ich mal gerade so zusammen.

Und sonst? – Was, die soll Krebs haben? Sag ich's nicht immer, rauchen ohne zu saufen! Hahaha! Aber du kennst Emilia, die macht aus jeder Mücke einen Elef … – Was? Eingeliefert? – Ach, weißt du, Unkraut, gelle, hat meine Oma immer gesagt, Unkraut vergeht nicht. – Ja, ja, war nicht so gemeint. Ist ja eigentliche eine ganz Nette. Mir redet die bloß immer zu viel. Und sie qualmt wie ein Fabrikschlot. – Ja, hab doch gar nichts gesagt. Ist wirklich ein bisschen windig. Versteh dich schlecht. Bis nachher." Er drückte das Gespräch weg. „Weiber!", sagte er. „Bist du auch verheiratet?"

„Ja. Meine redet auch gern. Ist so. Ich muss weiter." Er stand auf, sah aber noch, wie der Mann eine Schachtel Zigaretten aus der Tasche holte. Na, der hat's nötig. Er ging grußlos.

Gegenüber war eine Buchhandlung. Er las selten. Spätestens nach der dritten Seite fielen ihm die Augen zu. Behauptete er. Dennoch ging er in die Buchhandlung, um nicht ins nächste Gespräch verwickelt zu werden. Da fiel ihm ein, dass seine Frau bald Geburtstag hatte. Die las gern. Liebesromane und dergleichen. Eben Schnulzen. Wenn es ihr Spaß macht. Er sah eine Buchhändlerin am Terminal. Die würde ihm bestimmt ein Buch empfehlen können.

Sie telefonierte gerade und machte ihm ein Zeichen, dass sie gleich für ihn da sein werde. „Und weißt du, was ich gemacht habe? Heiß geduscht. Heiß duschen hilft immer. Hinterher die Partie mit Voltaren einreiben und dann ab in die Kiste!" Sie lachte. „Nein, allein. Das hilft nicht gegen alles, haha!" Und an den Kunden gewandt: „Ich komme gleich." Da lachte sie noch herzhafter. „Nee, hab Kundschaft. Was du aber auch immer gleich denkst! – Na, ich doch auch." Sie nahm das Telefon etwas zurück und sagte, halb entschuldigend, halb beschwichtigend: „Ich bin gleich für Sie da."

Richard verließ die Buchhandlung, ohne nach einem Buch für seine Frau gefragt zu haben. Er überlegte, ob er sich in einer Drogerie nach einem Parfüm umsehen sollte. Aber er wusste nicht, wie das Zeug heißt, mit dem sie sich manchmal eindieselte, wenn sie ausgingen. Erst jetzt fiel ihm ein, wie die das gemeint haben könnte mit „ich komme gleich".

Am Ende würde ihm die Drogeriefrau Intimspray empfehlen. Er ging an dem Geschäft vorbei.

„Kaufen!", sagte der Mann vor ihm. „Kaufen! So billig kommst du nie wieder an eine Villa. Mit Pool? Wieso zögerst du? Halbe Million? Das sind doch Peanuts!" Der Mann sah nicht aus, als wären 500.000 Euro Peanuts für ihn. Abgewetzte Cordhosen, schlumpiges Jackett. Nickelbrille und einen Seidenschal wie ein Schauspieler um das dünne Hälschen geschlagen. Ein Angeber, der von den Leuten gehört und gesehen werden wollte, weil eine halbe Million Peanuts für ihn sind. Hättest du wohl gern. Richard amüsierte sich über den Spinner.

Er blickte auf seine Armbanduhr. Oh, da hätte er schon wieder zu Hause sein wollen. Ruth mochte es nicht, wenn er zum Essen zu spät kam. Er beeilte sich.

„Hättest wenigstens anrufen können", sagte sie. „Bist doch sonst so auf Draht."

„Hätte ich", erwiderte er kleinlaut. „'tschuldige." Er hatte wirklich nicht daran gedacht.

„Weißt du eigentlich", versuchte er das Thema zu wechseln, „warum man das sagt: Auf Draht sein?"

„Ja", sagte sie, „du hast es mir schon drei Mal erklärt. Iss jetzt. Oder schmeckt es dir nicht?"

„Es schmeckt immer, was du kochst." Da musste er nicht einmal schwindeln.

„Ist ein Rezept von meiner Schwester. Wir haben vorhin miteinander telefoniert."

„Deshalb", sagte er.

„Weshalb?", wollte sie wissen.

„Ich hab drei, vier mal versucht, dich zu erreichen, aber da war immer besetzt." Kein Anschiss unter dieser Nummer, dachte er. Er mochte seine Schwägerin nicht. Die Suppe schmeckte leicht versalzen.

Flasche Bier

Wenn Helmuth in seinen Schrebergarten gehen konnte, war die Welt in Ordnung. Selbst im Winter radelte er, sobald es das Wetter nur irgendwie erlaubte, in Richtung Kleingartenanlage „Rote Bete“, um nach zusehen, ob noch alles unbeschädigt war. Die Fensterläden zum Beispiel. Man hörte ja und las immer wieder von Einbrüchen in Gartenlauben. Oder ob der Zaun noch dicht war und die Feldhasen nicht eindringen konnten. Oder einfach nur, um mal wieder im Garten zu sein.

Sobald er die Beete abdecken konnte, zog Helmuth aus seiner Stadtwohnung in den Garten. Für Adelheid war das nichts. Die blieb lieber in der warmen Wohnung. Sie konnte ihm im Garten eh nichts recht machen. Wenn es ans Ernten und Verarbeiten ging, Marmelade zu kochen, Bohnen einzuwecken und Gurken einzulegen, kam sie raus und da schlief sie sogar manchmal draußen. Aber ihr Bett war Adelheid lieber als die unbequeme Couch in der Laube und der schnarchende Helmuth dazu.

Fünfhundert Quadratmeter maß der Garten. Die anderen hatten deutlich weniger. Helmuths Garten befand sich am äußersten hinteren Rand der Anlage, da wollte eh keiner hin wegen der nahe daran vorbeiführenden Landstraße mit ihren dröhnenden Lastautos und dem ewig wirbelnden Staub.

Er hatte sich eine kleine Laube gebaut, noch damals, als er arbeiten gegangen war in der Werft. Das war in der Zeit, als es Baumaterial nur auf Zuteilung gab und man gute Beziehungen haben musste, um an Zement oder Dachpappe oder ein paar Vierkanthölzer zu kommen. Helmuth war Treckerfahrer gewesen. Da kam es schon mal vor, dass er drei Bretter unter den Hänger nagelte, wenn er das Werftgelände verlassen musste, um irgendwelche Maschinenteile zu transportieren. Das war zu der Zeit, als man Nägel wieder mit einem Hammer gerade klopfte, wenn man sie aus einem Brett gezogen hatte.

Die Laube bestand aus einem kleinen Raum, einer winzigen Küche und einem Vorraum als Windfang. Am hinteren Teil hatte er den Geräteschuppen und ein Plumpsklo angebaut. Es war gar nicht so einfach, Torf für den Eimer aufzutreiben. Aber Helmuth kannte Tod und Teufel und er hatte auch immer etwas zum Tauschen.

Diese Zeiten waren vorbei. Helmuth war mit 58 in den Vorruhestand geschickt worden. Wenn er jetzt etwas brauchte, fuhr er mit seinem Wägelchen am Fahrrad zum Baumarkt. Dort gab es alles und reichlich.

Helmuth mochten alle in der Gartenanlage, wo er sogar in den Vorstand gewählt wurde. Er hatte für jeden ein freundliches Wort und er half, wo immer es nötig war. Fragte ihn dann jemand, was er für die Hilfe bekäme, winkte er ab und sagte: „Flasche Bier." Man half doch nicht aus, um den Gartennachbarn hinterher eine Rechnung zu stellen. Na, hör mal! Morgen brauche ich vielleicht deine Hilfe. Das war so.

Als es zum Frühjahr hin taute, stellte Helmuth fest, dass das Dach neu gemacht werden müsste. Also spannte er sein Wägelchen hinters Fahrrad und fuhr zum Baumarkt. Er kaufte zwei Kartuschen Bitumen-Dachdichtung, die erforderliche Menge besandete Dachpappe und verzinkte Pappennägel. Das notwendige Werkzeug hatte er in seinem Geräteschuppen.

Allerdings musste er Adelheid versprechen, nicht aufs Dach zu steigen. Seit er diesen leichten Schlaganfall gehabt hatte, machte sie sich Sorgen um ihren alten Gnatterkopf. „Du kletterst da nicht rauf! Frag Richard, der ist vom Fach und zehn Jahre jünger."

Er fragte Richard. Der sagte auch gleich zu. Nächstes Wochenende, machten sie aus. Adelheid kochte Gulasch, halb Rind, halb Schwein, und schälte die Kartoffeln noch zu Hause in der Küche. Wenn einer schon hilft, das Dach zu decken, soll er auch etwas Ordentliches zu essen bekommen.

Richard war auf die Minute pünktlich. Sie schnitten die Dachpappe zurecht und legten die erste Bahn parallel zum First und nagelten sie mit den verzinkten Pappnägeln fest. Dann die nächste Bahn, die nächste, bis hoch zum First, die letzte gleichsam wie eine Satteldecke auflegend. Die Arbeit ging ihnen schnell von der Hand. Bevor sie sich zum Verkleben machen wollten, rief Adelheid zum Mittag. „Lang zu, Richard, du hast es noch nötig!" Adelheid gab gern und freute sich, wie Richard ihren Gulasch in sich hineinschaufelte.

Kurze Mittagspause. Adelheid räumte das Geschirr zusammen und machte den Abwasch. Dann ließ sie die beiden Männer allein. Guste hatte sie zu Balkonkaffee und Eierschecke eingeladen.

Nachdem die beiden Männer ihr Verdauungsbier getrunken hatten, machten sie sich an das Verkleben der Bahnen. Jetzt, da Adelheid nicht mehr aufpassen konnte, stieg auch Helmuth auf die Leiter und verklebte die überlappenden Enden mit Bitumen und trat die Stellen fest. Sie trafen sich fast gleichzeitig oben am First, Helmuth von der vorderen, Richard von der hinteren Seite kommend. Noch die überständigen Enden mit einem Teppichmesser abschneiden – da war es längst nicht Abend und das Dach neu gedeckt.

„Hätte ich gut zwei Tage für gebraucht", bedankte sich Helmuth. Sie stießen ihre Flaschen gegeneinander.

„Wo man helfen kann,hilft man", sagte Richard. „Wie wollen wir es halten, Rechnung mit allem Pipapo oder bar auf die Kralle?"

„Rechnung?", fragte Helmuth verblüfft.

Richard lachte. „Hätte ich mir denken können. Wir werden doch nicht das Finanzamt füttern wollen mit der Märchensteuer und so."

Helmuth war erleichtert. „Du erst! Für einen Augenblick dachte ich doch wirklich, du willst mir Geld abknöpfen. Flasche Bier, Nachbar?"

Richard hatte es aber plötzlich eilig. Er habe seiner Madame versprochen, zum Abendessen zu Hause zu sein. „Ihre Schwester kommt,weißt Bescheid."

Helmuth bedankte sich noch einmal für die Nachbarschaftshilfe und gab ihm noch zwei Flaschen mit. Er wusste nicht, dass es von diesem Tag an in der Kleingartenanlage „Rote Bete" heißen würde: „Helmuth ist ein Geizkragen. Flache Bier mehr kriegst du von dem nicht."

Es geht mir gut

Frau Mattwig wohnt in der ersten Etage, rechts. Sie ist 91 Jahre alt und hat nie in einer anderen Wohnung gelebt als in dieser. Hier wurde sie geboren, hier hat sie ihre Kindheit und Jugend verbracht. Hier hat sie geheiratet, und ihr Mann Josef war zu ihr gezogen. Hier hat sie ihre drei Kinder zur Welt gebracht, die jetzt weit weg lebten und nur selten Zeit hatten, ihre Mutter zu besuchen.

Seit siebzehn Jahren lebte sie allein. Josef war eines Tages im Bett gelegen und nicht mehr aufgestanden. Eigentlich hätte sie sich eine kleinere Wohnung nehmen müssen, aber einen alten Baum verpflanzt man nicht. Sie kam zurecht. Sie war zwar nicht mehr so flink wie früher, aber noch ließ sie es sich nicht nehmen, die Hausordnung selber zu machen, die Fenster zu putzen und im Winter, wenn sie an der Reihe war, den Schnee vor dem Haus zu beseitigen.

Sie ging einkaufen mit ihrem Wägelchen, das sie „meine Kutsche" nannte. Da konnte sie sich notfalls darauf setzen. Im Haus hatte keiner etwas dagegen, wenn das Gefährt der alten Frau unten, wo die Briefkästen von innen zu öffnen waren, an der Seite stand. In den vielen Jahren, die sie in dem Haus wohnt, hat sie sehr viel erlebt und gesehen. Und es war immer so, dass der eine vom anderen alles wusste, jedenfalls das Meiste. Das Treppenhaus war ein beliebter Ort. Da blieb man stehen miteinander, wenn man sich traf und redete, auch wenn es nichts Besonderes zu erzählen gab. Man ging nicht aneinander vorbei, vielleicht auch noch grußlos, wie das in den neuen großen Häusern sein soll, wo keiner keinen kennt. Die Leute in Frau Mattwigs Haus kannten sich über die Jahre. So war das jedenfalls früher.

Sommers oben links hatten sich ein Häuschen gebaut. Frau Kowalski und ihre Tochter hatten sich zerstritten und waren jede in eine andere Wohnung gezogen. Schmidts, ja, wo waren Schmidts eigentlich abgeblieben? Eines Tages waren sie fort. Alle Möbel hatten sie zurückgelassen. Bremen, hieß es, über Ungarn.

Neue Mieter zogen ein. Junge Leute oft, die keine Zeit hatten und auch nicht gewusst hätten, was sie mit der alten Frau im Treppenhaus erzählen sollte. Guten Tag und guten Weg. Manche grüßten nicht einmal.

So ist das eben, sagte Frau Mattwig ohne Groll.

Kurz nach Pfingsten waren wieder Leute eingezogen, zweiter Stock, links. Noch am selben Tag klingelten sie bei Frau Mattwig, wie bei den anderen Mietern zuvor, um sich vorzustellen. „Markwordt", sagten sie. „Wir heißen Markwordt." Frau Mattwig wunderte sich nicht, dass sich die neuen Mieter bei ihr vorstellten. Das gehört sich so. Sie hatte sich auch nicht gewundert, wenn andere neue Mieter eines Tages in dem Haus wohnten, deren Namen sie nur kannte, wenn er an der Klingel unten stand oder am Briefkasten. So ist das eben.

Eines Tages passierte es. Der Hausbesitzer hatte neue Schlösser einbauen lassen, die zum Treppenhaus hin nur einen Knauf besaßen und keine Klinke wie vorher. Die Tür fiel ins Schloss, der Schlüssel lag auf dem Teller in der Flurgarderobe. Frau Mattwig stand draußen vor der Tür. Sie versuchte, den Knauf zu drehen, aber das ging nicht. Sie drückte gegen die Tür, aber die gab nicht nach. Sie klopfte sogar mehrmals mit ihrem knorrigen rechten Zeigefinger, aber es war ja niemand in der Wohnung, der ihr hätte öffnen können.

Da stand sie im Haus, nur mit Filzpantoffeln an den Füßen, Kittelschürze, ihr dünnes Jäckchen über die mageren Schultern gehängt, und blickte hilflos auf die verschlossene Tür. Gedankenlos kramte sie in den Taschen ihrer Kittelschürze, ob sie vielleicht doch den neuen Schlüssel eingesteckt hatte. Aber der lag drinnen.

Sie wusste nicht, was sie tun sollte. Sie wartete einfach, dass etwas geschähe. Was geschehen sollte, wusste sie auch nicht. Von allein ging die Tür nicht auf. Und es war heller Tag, die Hausleute hatten alle ihre Arbeit. Sie hätte auch gar nicht gewusst, zu wem sie gehen sollte. Ihren Wohnungsschlüssel besaß nur sie. Und der lag in der kleinen Schale. In der Wohnung. Hinter der Tür, die durch einen Luftzug zugefallen war. Ich hätte das Küchenfenster zumachen sollen, dachte sie. Das hat den Zug gegeben.

Frau Mattwig war keine ängstliche Frau. Wenn Josef noch lebte, hätte er zwar gebrummelt, dass sie in letzter Zeit ziemlich schusselig geworden sei und den Schlüssel wieder einmal drinnen vergessen hatte. Aber Josef hätte einen starken Draht gefunden, ihn zu einem Dietrich gebogen, und knack, wäre die Tür aufgesprungen. Josef hatte goldene Hände. Der reparierte alles, vom Klo bis zum Radio. Die Tür blieb zu. Sie wusste nicht, wie lange sie schon draußen hilflos gestanden hatte, da hörte sie, wie jemand die Haustür aufschloss und die Treppe herauf kam. Es war Frau Markwordt. „Na, Frau Mattwig, was machen Sie denn im Treppenhaus?“

Da erzählte sie es, ein bisschen umständlich, dass sie das Fenster in der Küche nicht geschlossen hatte, weil sie doch Fisch gebraten hatte und das riecht dann immer so, da hätte sie also das Fenster in der Küche zum Lüften geöffnet und wenn Josef noch wäre … „Ich lege den Schlüssel immer in die Schale. Da ist er jetzt."

Frau Markwordt stellte ihre Einkaufstasche ab. „Und nun?", fragte sie. „Kommen Sie erst einmal mit zu mir. Wir rufen den Schlüsseldienst. Oder sagen dem Hauswirt Bescheid, der wird doch einen Ersatzschlüssel haben."

Da fiel Frau Mattwig ein, dass ihr Patenneffe, der sie manchmal besuchen kam, einen Ersatzschlüssel besaß. Und sie erinnerte sich, , dass ihr vor Jahren schon einmal die Tür zugefallen war, da lebte aber Josef nicht mehr, und da ist sie zu Karli gegangen, ihrem Neffen. Der wusste Abhilfe. Karli hatte gesagt, dass er ihr vorsichtshalber einen Wohnungsschlüssel geben sollte, falls das wieder passiert. „Aber der passt vielleicht gar nicht", sagte Frau Mattwig. „Das ist der vom alten Schloss."

„Nein, der passt bestimmt nicht", sagte Frau Markwordt. „Und wenn wir jetzt einen Schlüsseldienst rufen, ist Ihre halbe Monatsrente weg."

Frau Markwordt rief ihren Mann an. Der konnte sich eine halbe Stunde frei machen bei der Arbeit.

„Abgeschlossen oder nur zugefallen?", wollte er wissen.

„Na, durch den Luftzug wegen dem Brathering."

„Also nicht abgeschlossen." Er nahm eine Chipkarte aus seiner Geldbörse, fuhr zwischen Tür und Rahmen am Schloss vorbei. Es machte klack und die Tür war auf.

Frau Mattwig sagte, das habe Josef immer mit dem Dieter gemacht. Oder war es der Dietrich?

„Wir machen Folgendes", schlug Frau Markwordt vor. „Wenn Sie einverstanden sind, Frau Mattwig, hänge ich mir einen von ihren Schlüsseln –Sie haben doch drei bekommen? – an unser Schlüsselbrett. Falls Ihnen das noch einmal passiert und die Tür zuschlägt, klingeln Sie bei uns. Oder Sie kommen zu mir ins Büro, das ist nicht weit."

Glücklicherweise passierte das nicht ein zweites Mal. Wenn Frau Mattwig Herrn Markwordt oder seine Frau im Treppenhaus traf, sagte man nicht nur Guten Tag, sondern wechselte ein paar freundliche Sätze. Allerdings hatten die Markwordts nicht so viel Zeit wie Frau Mattwig, die gern länger geknätscht hätte, wie sie das nannte.

Eines Morgens beim Frühstück sagte Herr Markwordt zu seiner Frau: „Gestern Abend, als ich nach Hause kam, hatte Frau Mattwig die Tür nur angelehnt. Die traut sich wohl nicht mehr, sie zuzumachen."

„Kann sein", sagte Frau Markwordt. „Aber weiß man, wer alles ins Haus kommt und nicht hingehört?"

Als Frau Markwordt eine Stunde nach ihrem Mann auf Arbeit gehen wollte, sah sie, dass Frau Mattwigs Tür noch immer einen Spalt offen stand. Sie wollte schon kopfschüttelnd weitergehen, als sie sich noch einmal auf der Treppe umdrehte und bei der alten Frau klingelte. Sie hatte kein gutes Gefühl dabei. Sie klingelte auch gleich ein zweites Mal.

„Ja, ja, ich komme schon!", rief Frau Mattwig. „Ach, Sie sind das. Na, guten Morgen auch. Ist was?"

„Frau Mattwig, Ihre Tür. Sie haben die ganze Nacht Ihre Wohnungstür offen gelassen."

„So, habe ich das? Na, es ist ja nichts passiert. Bei Lichte bringen die mich wieder zurück." Darüber konnte die alte Frau lachen. Aber sie bedankte sich. Es war ein gutes Gefühl zu wissen, dass Leute im Haus wohnten, die sich Gedanken über sie machten, wenn sie auch nicht wollte, dass sich jemand ihretwegen sorgen sollte.

Frau Markwordt hatte eine Idee. „Frau Mattwig, wenn Sie in Zukunft Ihre Zeitung aus dem Kasten holen, legen Sie einen Zettel in unseren. Dann sehe ich, dass es Ihnen gut geht. Ich lege den Zettel dann wieder in Ihren Kasten. Am nächsten Morgen machen wir es wieder so."

Damit war Frau Mattwig einverstanden. Am nächsten Morgen lag ein rosa Zettel in Markwordts Briefkasten, etwa halb so groß wie eine Postkarte. Auf die Vorderseite hatte Frau Mattwig eine Blume geklebt, die sie vermutlich aus einer Illustrierten ausgeschnitten hatte. Auf der Rückseite stand in einer erstaunlich schönen Schrift: „Es geht mir gut. Frau Mattwig."

Frau Markwordt musste lächeln, nahm den Zettel und steckte ihn in Frau Mattwigs Briefkasten. So ging das von nun an alle Tage. Man sah sich zwar selten, aber man wusste voneinander. Bis eines Tages der Zettel in Markwordts Briefkasten fehlte.

„Sie wird es vergessen haben", sagte Herr Markwordt. „Ist ja schon ein bisschen schusselig, die alte Dame."

„Ich klingle, wenn der Zettel morgen wieder nicht im Kasten liegt", sagte Frau Markwordt.

Sie klingelte noch am selben Tag. Frau Mattwig öffnete. „Ach, den Zettel, den habe ich vergessen. Wissen Sie, in meinem Alter …" Und dann erzählte sie von ihrer Großmutter, die war neunundneunzig geworden, was hat die manchmal alles durcheinander gebracht, da war die Sache mit dem gestohlenen Geld, das sie nur ins falsche Fach gelegt hatte, hoffentlich werde ich nicht mal so, aber ich bin ja noch nicht so alt.

Frau Markwordt wurde den Verdacht nicht los, die Frau habe den Zettel absichtlich nicht in den Kasten geworfen, damit mal wieder jemand mit ihr spricht.

„Sie ist allein“, sagte sie zu ihrem Mann. „Das musst du verstehen. Es macht mir nichts aus, mal ein bisschen mit ihr zu knätschen.“

Wenn Frau Markwordt Zeit hatte, nahm sie sich auch mal eine Viertelstunde im Treppenhaus. Ihr machte das nichts weiter aus und der alten Frau tat es gut.

Eines Tages fehlte der Zettel wieder im Briefkasten. Aber im Büro war gerade viel zu tun. Überstunden und mächtig Stress. Da ging sie an der Tür vorbei in ihre Etage hoch. Morgen schau ich nach, nahm sie sich vor.

Sie klingelte erst nach drei Tagen. Niemand kam an die Tür. Sie klingelte ein zweites und ein drittes Mal. Frau Mattwig meldete sich nicht. Da hatte sie ein komisches Gefühl. Sie holte den Schlüssel, blieb aber auf dem Treppenabsatz stehen und entschloss sich zu warten, bis ihr Mann nach Hause kam.

„Spökenkieker!“, sagte der, als sie ihm aufgeregt erzählte, dass Frau Mattwig nicht reagiert hat. „Wahrscheinlich hat sie den Fernseher laut gedreht und kann die Klingel nicht hören.“

Sie nahmen den Schlüssel und gingen beide nach unten. Vorsichtshalber klingelten sie noch einmal. Keine Reaktion. Herr Markwordt schloss auf. Sie folgte ihm in die Wohnung. Es war ihr unheimlich, in den fremden Flur zu treten.

„Frau Mattwig!“, rief Herr Markwordt. Keine Antwort. Er drehte sich zu seiner Frau um. „Komisch.“

„Sag ich doch.“

Die Tür zum Wohnzimmer stand offen. Da war niemand, auch in der Küche nicht. Sie öffneten das Schlafzimmer. Da lag sie. Ganz friedlich, fast heiter. Sie schlief. Sie schlief schon drei Tage und würde nicht mehr aufwachen.

Auf dem Nachttischschrank lag ein rosafarbener Zettel, halb so groß wie eine Postkarte. Auf die Vorderseite war ein Blumenbild geklebt, vermutlich aus einer Illustrierten ausgeschnitten. Auf der Rückseite stand in schön geschwungener Schrift: „Es geht mir gut. Frau Mattwig." Wahrscheinlich hat sie ihn nicht in Markwordts Briefkasten geleget wie sonst, sondern versehentlich mit nach oben genommen.

„Na ja", sagte er, „fast zweiundneunzig. Das schaffen wir nicht. Den Zettel heben wir uns auf, Else."

ISBN 978-3-96887-001-4: 152 Seiten. 12,80 €

Impressum

Bibliografische Information der Deutschen Nationalbibliothek: Die Deutsche Nationalbibliothek verzeichnet diese Publikation in der Deutschen Nationalbibliografie, detaillierte bibliografische Daten sind im Internet über http://dnb.d-nb.de abrufbar.

1. Auflage 2024	Ultraviolett Verlag www.ultraviolett-verlag.de
Lektorat:	Katja Völkel
Layout / Cover:	Eckart Ulrich / Jana Rogge
Collage:	Jana Rogge
Gesamtherstellung:	Ultraviolett Verlag, Dresden
Bestellung	bestellung@ultraviolett-verlag.de
Druck:	bookpress (PI)
ISBN:	978-3-96887-021-2